Friedrich Wieseler

Das Diptychon Quirinianum zu Brescia

Nebst Bemerkungen über die Diptycha überhaupt

Friedrich Wieseler

Das Diptychon Quirinianum zu Brescia
Nebst Bemerkungen über die Diptycha überhaupt

ISBN/EAN: 9783744611206

Hergestellt in Europa, USA, Kanada, Australien, Japan

Cover: Foto ©berggeist007 / pixelio.de

Weitere Bücher finden Sie auf **www.hansebooks.com**

DAS

DIPTYCHON QUIRINIANUM

ZU BRESCIA

NEBST BEMERKUNGEN

ÜBER

DIE DIPTYCHA UEBERHAUPT.

EINE ARCHÄOLOGISCHE ABHANDLUNG

VON

FRIEDRICH WIESELER.

MIT ZWEI KUPFERTAFELN.

GÖTTINGEN,

BEI VANDENHOECK UND RUPRECHT.

1868.

Zu den nicht so gar seltenen Monumenten, welche, schon früher bekannt gemacht, in unverdiente Vergessenheit gerathen sind, gehört das nicht allein wegen der verhältnissmässigen Schönheit der künstlerischen Ausführung eines Theils seiner Bildwerke, sondern auch wegen der grossen Seltenheit von Exemplaren derselben Gattung, sowie endlich wegen der Eigenthümlichkeit der bildlichen Darstellungen sehr beachtenswerthe elfenbeinerne Diptychon, das, einstmals im Besitz des Cardinals Quirini, jetzt seit langer Zeit in Brescia befindlich [1]), von jenem im Jahre 1742 in einer eigenen Schrift, einer Epistola ad doctissimum et clarissimum virum Claudium de Boze, perpetuum secretarium gallicae regiae academiae inscriptionum et bonarum literarum, zuerst bekannt gemacht ist.

Der hohe Rang des Besitzers und Herausgebers und die vielfachen Verbindungen, in welchen er stand, bewirkten im Vereine mit dem Interesse, welches das Monument selbst erregte, dass fast alle nur irgend bedeutenden Antiquare Italiens, Frankreichs und Deutschlands sich mit diesem beschäftigten, in der Weise, dass es länger als ein Decennium unter allen Ueberbleibseln aus dem Alterthume dasjenige war, um welches sich die gelehrte Welt am meisten bekümmerte [2]). Aber von den vielen Erklärungen der Bildwerke, die mir

---

[1]) Ueber die frühere Geschichte der Elfenbeintäfelchen, welche einstmals einen noch erlauchteren Besitzer hatten als den erwähnten Cardinal, nämlich den Cardinal Pietro Barbo, nachherigen Papst Paul, vergleiche man Gori's Symbolae literariae, Vol. VI, Florentiae CIɔ. Iɔ. CC. LI, p. 23 fll. Nach Gori's Thesaurus veterum diptychorum, t. I, p. 132, schenkte sie der Cardinal Quirini der vaticanischen Bibliothek, deren Vorstand er bekanntlich war; doch erhellt aus der Lettera seconda di Giuseppe Bartoli intorno al libro, che avrà per titolo La vera spiegazione del dittico Quiriniano, Abschn. XIII), dass sie schon im Jahre 1748 in die biblioteca Quiriniana zu Brescia gekommen waren, und zwar nach Alex. Sala Illustrazione di monumenti ant. di spettanza della municip. bibliot. Queriniana di Brescia, Milano MDCCCXLIII, p. 20, als Vermächtniss jenes Cardinals, der auch Bischof von Brescia war. Hier wird das Paar von Täfelchen noch jetzt mit dem Namen »dittico Quiriniano« bezeichnet.

[2]) Einen Indice cronologico delle cose finora scritte sopra il dittico Quiriniano e i suoi illustratori, eccetto pochissime e non vedute dall' Autore e non credute egualmente meritevoli di ricordanza, findet man in den Lettere apologetiche di Giuseppe

bis zum Jahre 1851 bekannt geworden waren, als ich in Schneide-
win's Philologus Jahrg. VI, H. 2, S. 333 fg., die interessanten Reliefdarstellungen einer neuen Untersuchung unterzog, trifft, nach meinem
Urtheile, rücksichtlich des einen (Fig. I.) *keine* das Wahre; für das
andere ist freilich *eine* beigebracht, die sich zur Noth hören lassen
kann, ohne dass jedoch diese Deutung mehr schiene als eine aufs
Gerathewohl hingeworfene Vermuthung und zu irgend welcher Wahrscheinlichkeit erhoben wäre. Von den später zu meiner Kunde ge-
langten Deutungsversuchen stimmt *einer* mit meiner schon damals
über Fig. I dargelegten Ansicht in der Hauptsache durchaus überein,
während die übrigen ohne allen Zweifel unzulässig sind [3].

Auch meine damaligen Bemühungen konnten, trotzdem dass. sie
— wenn ich mich nicht täusche — das leisteten, was nach den gegebenen Mitteln möglich war, doch über einzelne Punkte nicht die
erwünschte vollständige Aufklärung geben. Die mir zugänglichen
Abbildungen des Diptychons waren sehr unzuverlässig [4]. Da ich nun

Bartoli sopra alcuni novellieri, e giornalisti letterarj, sopra lo studio delle antichità, e
sopra altri argomenti eruditi, al occasione del dittico Quiriniano e del programma, se-
paratamente in varj tempi pubblicate, ed ora insieme raccolte, Torino (1763). Vergl.
auch (Sebastiano Donati) De' dittici degh antichi profani, e sagri, libri III, Lucca
CI⊃. I⊃. CC. LIII, p. 97 fl., Anm. 6. Die letzte jenen Zeiten angehörende ausführli-
chere Besprechung der Elfenbeintäfelchen ist, so viel mir bekannt, die in Io. Bapt.
Passerii In monumenta sacra eburnea a cl. Anton. Fransc. Gorio ad quartam (thesaur.
vet. diptych.) partem reservata expositione», Florent. A. CI⊃. I⊃. CC. LIX, p. 47 fl.

3) Die Versuche rühren her von Sala (dessen in Anm. 1 erwähnte Schrift ich unserem mit der Ital. Geschichte und Literatur so sehr vertrauten Assessor Th. Wüsten-
feld verdanke) und von Fr. Pulszky Catalogue of the Fejérváry ivories, in the Mus.
of J. Mayer, preceded by an essay on ant. ivories, Liverpool MDCCCLVI, p. 26. Sala
bezieht beide Reliefdarstellungen auf Helena und Paris. Ueber Pulszky's Deutungen unten Anm. 9 und 15.

4) Diese sind 1) die durch den Cardinal Quirini selbst herausgegebene, 2) die auf
der Vignette am Schlusse von Gius. Bartoli's Lettera seconda; 3) die bei Passeri a. a.
O., tab. XVII. Nr. 2 ist offenbar nur eine verkleinerte Copie von Nr. 1. Nr. 3 weicht
von nr. 1 in manchen Punkten ab, so dass man annehmen muss, sie sei nach einer
neuen Zeichnung gemacht. Nun schreibt aber Passeri a. a. O, p. 48: »Quin etiam e
censu antiquiorum expungimus praesentes tabulas, quas et color adhuc floridus, et
splendor eboris, pariterque asperitas operis seculis longe inferioribus adscribunt. Haec
omnia, ut audio, diligentissime examine prosecutus est *Bartholus*, qui hoc praesenti
schemate, quod producimus, minime contentus, prototypon coram visitavit, ac multo
rudius esse, ac penitus barbaro stilo exscisum publicavit.« Und »hoc praesens schema«
kann, wie ein jeder sagen wird, der die lettere apologetiche von Bartoli gelesen hat, nichts
anderes sein als die vom Cardinal Quirini herausgegebene Abbildung. Wahrscheinlich verhält sich die Sache folgendermassen: Passeri wollte, als er jene Worte schrieb, diese
Abbildung wiederholen lassen; es wurde aber nachher eine andere gegeben, weil die

durch die freundliche Vermittelung F. Odorici's für unser archäolog. Institut gute Photographien erhalten habe, so erachte ich es der Mühe

Quirini'sche minder genau war, und zwar, wie wir vermuthen, nach einem Gypsabgusse der Elfenbeintäfelchen, deren es schon im Jahre 1748 mehrere gab (vgl. Bartoli's Lett. sec., Abschn. XIII), wenn nicht gar nach der neuen Zeichnung nach dem Originale, welche sich Bartoli im Jahre 1751 verschafft hatte (vgl. Lettera decima, vom 14ten April 1752, Abschn. V). Dass die Abbildung in dem Passeri'schen Werke in manchen Punkten genauer ist als die von Quirini herausgegebene, erhellt aus dem Berichte, welchen Bartoli in der Lett. dec. (all' Eccellenza del signor Giov. Elmo, Procurator di S. Marco) Abschn. III, über das Verhältniss der Darstellungen auf dem Originale zu dieser Abhandlung gegeben hat. Ich glaube denjenigen, welche sich über das auf dem Originale Dargestellte genauer unterrichten wollen, einen Dienst zu erweisen,.wenn ich die betreffenden Worte hier wiederholen lasse: »Nella Città di Brescia, dove ora è. confrontai l'originale con quel disegno, che se n' era già divulgato in istampa per tutta Europa: o allora si, ch'io ringraziai caldamente in mio cuore V. E. er avermene fatto differire a un' altra volta la spiegazione: tanto, e tanto notabili diversità vi scopersi. Quando al dottissimo Porporato venne in mente il nobil pensiero d'ordinare, che si delineassero, ed incidessero in rame le due tavolette antiche d'avorio, per indi darle in luce, e proporle all' esame degli Eruditi; non fu certamente con quel disegno eseguita, com' era dovere, l'ottima sua intenzione. Imperciocchè lasciando di dire, che le quattro arme del Cardinal Pietro Barbo fatto di vario metallo modernamente, nel disegno non hanno il cappello co' fiocchi Cardinalizj, che vedesi nell' originale; è cosa rilevantissima l'osservare, che le tavolette antiche d'avorio non son quadrate. La copia le mostra tali, perchè nel lato superiore fu confuso l'antico avorio col moderno ornamento di metallo: il quale così dovessi interamente ommettere da quella banda, come dall' altre a ragione fu tralasciato. In oltre le due tavolette sono lunghe egualmente, e il disegno ci rappresenta la seconda alquanto più corta. Mancano nella stampa i segni de' buchi de' gangheri affatto visibili in amendue i pezzi d'avorio: e d'altra parte più non trovasi nel secondo d'essi il piedestallo, sopra cui quella fa posare i piedi dell' uomo. Alcuna delle quali cose unita a parecchie fessure, che in amendue i piezzi, e massime nel primo, sono; ci fanno vie maggior fede della loro indubitabile antichità. Che dirò dell' Architettura diversificata moltissimo nel disegno non solo per la giunta di ciò, che non è nè avorio, nè antico; ma per la forma delle incanalature spirali nelle colonne tutte, e spezialmente nella sinistra; e per la struttura delle basi, de' capitelli, dell' arco, e della cornice? Non sia chi creda assai differente dal gusto dell' Architettura quello delle Figure. Chi potrà mai considerando nell' originale la fisonomia, e l'aria del viso di ciascuna delle quattro più grandi, credere, che sieno le medesime dipinteci dalla copia? Senzachè l'uomo ignudo della prima tavoletta è diverso nell' altezza, ne' calzari, e in parte nell' asta. In oltre il disegno non ci fa vedere i segni di scrittura, che sono chiarissimi nel libro, cui tiene in mano; e [cosa importantissima] ci nasconde la piccola fascia, che il capo gli cinge. Fino il cane non è situato in parte come conviensi. La donna poi nell' avorio oltre all' aver la tunica più modestamente chiusa d'intorno al petto, ha le braccia dal gomito in giù non già nude, come nella stampa, ma coperte di maniche, e 'l piè sinistro molto più lungo. Amendue i piedi del fanciullo, ed amendue l'ale sono in sito diverso, e qualche variazion v' è nella face ancora, o nell' arco. Eziandio nel disegno della seconda tavoletta vedrai l'altro fanciullo con un de' piedi mal collocato; e tanto nell' una, quanto nell' altra scorgerai, ch' entrambi hanno il viso, e il guardo rivolti non a quel luogo, ch' esprime l'avorio. Mirando questo troverai, che l'uomo

werth, auf diese und einige anderswoher genommene Notizen gestützt,
meine früheren Darlegungen zu vervollständigen und neue hinzuzufügen.

Ich gebe zuvörderst eine möglichst genaue Beschreibung des
Dargestellten und dann die Erklärung, welche ich für die richtige
halte.

Auf jedem der beiden nach Sala 0,250 Millimeter hohen und
0,147 Millimeter breiten Täfelchen ist in architektonischer Umgebung
ein stehender Mann mit einem zu seiner Linken stehenden Weibe
gruppirt, alle meist en face dargestellt.

Das eine Täfelchen (Fig. I) zeigt einen schlanken Jüngling, der
bis auf ein nur einem kleinen Theile nach auf der linken Achsel
sichtbares, also meist nach hinten hinabfallendes, Gewand nackt ist
und an den Füssen kurze Jagdstiefeln hat, welche die Zehen sichtbar
werden lassen. Ueber seine Brust läuft von der rechten Achsel her
ein Schwertriemen [5]), und im linken, schlaff herabhängenden Arme
hält er eine auf den Boden aufgestützte Lanze. Der linke Oberarm
liegt am Körper an, der linke Unterarm aber ist emporgerichtet; in
der Hand sieht man ein aufgeschlagenes Diptychon. Der Jüngling
schaut, den Kopf etwas nach links neigend, entweder noch auf dieses,
oder, nachdenklich oder betrübt, vor sich hin, nachdem er eben in
der Schrift gelesen hat. Hinter ihm am Boden ein Hund, der, indem
er den linken Vorderfuss gehoben hat, wie um das linke Bein des
Weibes damit zu berühren, mit geöffneter Schnauze nach dem Weibe
in die Höhe blickt. Die meisten Attribute deuten in Verbindung mit

---

nella seconda ha pileo di figura molto dissimile, e capelli assai scarmigliati: che sull'
omero destro tiene certo arnese poco differente da quello cui nel medesimo posto ha
la sua vicina: e che sopra la tunica porta altra veste (dies auch auf der Abbildung
bei Quirini). Non parlo dell' asta, ch'è rotta in parte nell' originale; ne dell' *umbone*,
che nella copia manca allo scudo. Ha tanto l'uomo, quanto la donna, calzari poco fe-
delmente rappresentati: ed ella gli tocca il labbro inferiore in modo alquanto diverso.
Troppo m'allungherei se favellare volessi — delle cortine, e delle conchiglie, e d'altro
eziandio in che la stampa dall' originale si discostò.« Dieser Bericht ist der, von welchem Passeri durch Hörensagen wusste. Die letzten der oben angeführten Worte Passeri's enthalten aber einen grossen Irrthum. Vielmehr sagt Bartoli (Lett. dec., Abschn. V.) ausdrücklich von dem Quirini'schen Diptychon: »che è per verità *tra gli antichi Dittici quello, che tra le Greche donne fu Elena.*« Bartoli wollte seine neue Zeichnung — il vero disegno del Dittico, wie er sie nennt — in einem schon längst beab-
sichtigten Werke unter dem Titel „La vera spiegazione del dittico Quiriniano" herausgegeben, scheint jedoch nicht dazu gekommen zu sein.

5) Auf der Abbildung bei Passeri sieht man noch deutlicher als auf unseren Photographien den Griff des Schwertes oberhalb der linken Hüfte.

dem ganzen Aussehn der Figur auf einen griechischen Heros, der dem Weidwerke obliegen will [6]). — Die Frau schlägt das linke Bein über das rechte [7]), indem sie sich mit dem linken Oberarm an die links von ihr sichtbare Säule anlehnt. Ihre rechte Hand liegt mit ausgestrecktem Daumen und Zeigefinger unmittelbar über der Brust nach dem Halse hin. Der Kopf ist leise nach rechts gewandt; sie schaut mit nachdenklichem Gesichte gleichfalls vor sich hin. Ihre Kleidung besteht in einem unter der Brust gegürteten, langen Aermelchiton und in einem weiten Himation, das, um den untern Theil des Vorderkörpers geschlagen und über den Hinterkopf gezogen, von dem rechten Oberarme hinabfällt. An den Füssen trägt sie Schuhe, welche den ganzen Fuss einhüllen. — Zwischen den Köpfen der beiden Figuren gewahrt man einen Amor, dessen Füsse an der linken Schulter des Mannes sichtbar sind, während sein Körper nach dem Weibe hingerichtet ist. Er hat in der Linken einen Bogen und hält mit

---

[6]) Zunächst die Jagdstiefeln, dann der Hund, obgleich er diese Beziehung keineswegs durchaus nothwendig macht, vgl. Raoul-Rochette Peint. de Pompéi, p. 113, Anm. 1 fg., C. Fr. Hermann Lehrb. des griech. Privatalterth., §. 16. Anm. 23 und meine Bemerkungen in den Götting. gel. Anz., 1852, St. 53. Die Lanze findet sich freilich nicht als jener namentlich den Eberjägern eigenthümliche Speer, προβόλιον, lato venabulum corneum ferro (Ovid. Her. Ep. IV. 83) charakterisirt, wie wir ihn aus Schriftstellern genauer kennen und auf den Monumenten bei Meleager, Hippolytus und Anderen dargestellt finden (Feuerbach Ann. d. Inst. arch., Vol. XV, p. 262 = Nachgel. Schriften, Bd IV, S. 26 fg., und O. Jahn Arch. Beitr., S. 309); allein das verschlägt nichts, da sich eben dasselbe auf vielen andern Bildwerken findet. Das kurze Schwert endlich kommt auch den Jägern zu (Pindar. Pyth. IX, 21 mit den Erkl.), und zwar erscheinen diese auf den Griech. sowohl als auf den Röm. Monumenten nicht so gar selten mit demselben versehen. Auf dem schönen Melischen Terracottarelief, welches Jahn Ber. d. K. Sächs. Ges. d. Wissensch., 1848, zu S. 123 fg. herausgegeben hat, sicht man von den vier dargestellten Figuren drei, darunter Atalanta, mit dem Schwerte ausgestattet. Wenn Jahn S. 115 auffallend findet, dass diese „als Waffe das Schwert führt, da sie sonst, auch darin ein getreues Abbild der Artemis, sich stets (?) des Bogens bedient", so ist zu bemerken, dass auch Artemis mit dem Schwerte vorkommt, vgl. abgesehen von Denkm. d. a. Kunst, II, 16, 178, and Monum. ed Ann. d. Inst. arch. 1856, t. XI, n. 1, Minervini Bull. arch. Nap., N. S., A. VI, t. V, n. 1. Es ist wohl nicht abwegig, schliesslich zu bemerken, dass unter den Jägern der Heroensage auf den Reliefs der Sarkophage mehrfach Hippolytus mit dem Schwerte vorkommt; so auf dem zu Girgenti (Serradifalco Ant. d. Sicilia, T. III, t. 45 = Gerhard's Arch. Ztg., 1847, Taf. V, nr. 1) und den beiden Campana'schen, dem jetzt in Petersburg befindlichen, Mon. d. Inst. arch. V. VI. t. 1 u. D'Escamps Cat. des Marbres ant. du Mus. Campana, pl. 39, und dem zu Paris, D'Escamps pl. 38, und zwar auf beiden ganz allein.

[7]) Zahlreiche Beispiele dieser bedeutsamen Stellung bei Stephani Der ausruhende Herakles, S. 173 fg.; vgl. auch Haakh Attisbilder auf röm. Grabdenkm., Stuttg. 1857, S. 26, A. 10.

der Rechten eine brennende Fackel nach dem Weibe hin, indem er
das Gesicht nach dem Manne hinwendet, ohne jedoch eigentlich auf
diesen hinzusehen.

Der Mann auf dem andern Täfelchen (Fig. II), ein Jüngling von
noch vollerer Jugendblüthe als der auf dem ersteren, ist mit einem
kurzen, aufgeschürzten Aermelchiton bekleidet, über welchem man auf
der linken Schulter und dem linken Oberarm ein Stück von einem
auf den Rücken hinabfallenden Obergewande bemerkt, und trägt an
den Füssen Kothurne von derselben Art wie die des erstbeschriebenen, auf dem Kopfe aber eine sogenannte Phrygische Mütze, unter
welcher die Haare hervorquellen. Er schlägt das linke Bein über
das rechte, indem er sich mit der Linken auf ein verhältnissmässig
grosses, ovalrundes Schild stützt, dessen dem Beschauer zugekehrte
Aussenseite mit Schuppen bedeckt ist, und mit der Rechten eine auf
den Boden gestellte Lanze nicht weit unter der Spitze fasst *). Sein
Kopf ist etwas nach links gekehrt; er blickt aber in die Ferne, während ihm das mit ihm gruppirte Weib mit dem Daumen und Zeigefinger der mit ihrer inneren Fläche dem Beschauer zugekehrten rechten Hand die Unterlippe kneipt. Dieses trägt einen Aermelchiton,
welcher, unter der Brust gegürtet und weiter unten aufgeschürzt, nicht
bis zu den Knieen hinabreicht; eine Chlamys, die, auf der rechten
Achsel zusammengespangt, vorne nur die linke Seite der Brust und
die linke Schulter bedeckt, aber nach hinten desto tiefer hinabhängt;
endlich Kothurne wie die der Männer (nur dass dieselben den ganzen Fuss bedecken). Das Haar der Frau ist über der Stirn in eine
Schleife gebunden. Sie neigt den Kopf etwas nach rechts, blickt aber
nicht den Mann neben ihr an, trotz dessen was sie ihm mit der
Rechten thut, sondern auch in die Weite, indem sie die linke (im
Originale etwas beschädigte) Hand, so dass die innere Fläche nach
aussen steht, an die linke Hüfte legt. Zwischen den Köpfen dieser
beiden Figuren gewahrt man einen Knaben ohne Flügel, welcher,
von dem Weibe herkommend, nach dem Manne hintanzt — wenn

---

*) Es sieht ganz so aus, als sei die Stelle unter dem linken Fusse und auch die
unter den Zehen des rechten beschädigt. Unter dem grössten Theile dieses letzteren
ist aber der Schild deutlich sichtbar, so dass es sich so ausnimmt, als stütze sich die
Figur ebensosehr auf Speer und Schild als auf ihre Füsse. Das Rund am Schilde un-
terhalb des linken Knies scheint, wie schon Bartoli annahm, ein umbo sein zu sollen,
der inwzischen keinesweges die Mitte des Schildes einnehmen würde.

nicht vielmehr bloss an die Bewegung eines Triumphirenden zu denken ist —, indem er mit der Linken einen Kranz über dem Haupte des Weibes und mit der Rechten auch einen Kranz über dem des Mannes hält.

Wer die Sprache der Kunst versteht, wie sie namentlich aus den Wandgemälden von Herculaneum und Pompeji bekannt ist, wird leicht bemerken, dass der Amor zwischen den beiden Figuren des erstbeschriebenen Täfelchens darauf deutet, dass das Weib von einem Liebesfeuer glühe, welches von dem Manne ausgeht, d. h. in Liebe zu dem Manne entbrannt sei, die aber von diesem nicht erwiedert wird. Dieses passt sehr gut zu der Ansicht, dass die beiden Hauptfiguren Phädra und Hippolytus seien, einer Ansicht, welche sich, glaub' ich, beim Beschauen derselben von selbst aufdringt, obgleich sie keinem der Erklärer in den Sinn gekommen war, als ich sie im J. 1851 aussprach[9]). Der Brief in der Hand des Hippolytus ist aus Schrift- und Bildwerken bekannt. Freilich übergiebt ihn sonst gewöhnlich die Amme, nicht Phädra selbst. Aber letzteres kann, wenn es auch nur für die vorliegende Darstellung vorauszusetzen ist, doch keineswegs meiner Deutung derselben Eintrag thun. Unser Künstler ging nur einen Schritt weiter als diejenigen, welche Phädra in der Scene des Briefüberreichens und Anträgemachens von Seiten der Amme gegenwärtig und an der Handlung, ja selbst an dem Gespräche theilnehmend dargestellt haben[10]). Er steht übrigens noch immer auf demselben Boden wie diese. So weit ist auch er nicht gegangen, „die Phädra in der mehr heroischen, kühnen Weise aufzufassen, wie Sophokles und Euripides im ersten Hippolytos, dass sie selbst frei und offen dem Jüngling ihre Liebe offenbart."

Die Deutung auf Phädra und Hippolytus ist ganz unzweifelhaft,

---

[9]) Nachher hat sie auch Pulszky a. a. O. ausgesprochen, nach welchem aber „Cupid, here the god of terrestrial love and of death, flutters between them (Phaedra and Hippolytus), compassionately looking upon Hippolytus, and lowering his torch, either as a symbol of Phaedra's love, or of the imminent death of the hero." Pulszky's Deutung auf Phädra und Hippolytus — denn dass ich dieselbe schon früher aufgestellt hatte, wusste auch er nicht — billigt Professor Westwood Diptychs of the Roman Consuls in The gentleman's magazine and histor. review, Aug. 1863, p. 155, und, ohne Pulszky's Vorgang zu erwähnen, Labarte Hist. des arts industriels, T. I, p. 191.

[10]) Vgl. Jahn's Arch. Beitr. S. 315 fg., L. Schmidt in Gerhard's Arch. Zeitg. 1847, S. 67 fg., Stephani Compte-rendu de la commiss. impér. archéol. pour l'ann. 1863, p. 203.

nachdem ein Bedenken, welches gegen die Anerkennung des letzteren
wegen Mangelns des Zeichens der Männlichkeit hätte erhoben werden
können, auf eine schlagendere Weise als durch unsere Hinweisung
auf die Möglichkeit einer hermaphroditischen Bildung des Hippolytus [11]) seine Erledigung gefunden hat [12]).

Die andere Darstellung anlangend, so hat man den ungeflügelten
Knaben zwischen den Köpfen der beiden Hauptfiguren ohne Zweifel
auch als Amor zu fassen. Die Flügel scheinen ohne irgendwelche
Absichtlichkeit weggelassen zu sein [13]). Dieser Amor deutet an, dass
die Neigung, welche das Weib zu dem Manne gefasst hat, mit Erfolg
gekrönt worden ist, indem beide in Liebe vereint sind. Dass das Weib
die Rolle des eigentlichen Liebhabers hat, erhellt schon daraus, dass
es als den Mann liebkosend dargestellt ist (denn so ist ohne Zweifel die
erwähnte Berührung der Unterlippe des Mannes von Seiten der Frau
zu deuten, nicht als Aufforderung zum Stillschweigen, wie Einige
gemeint haben). Diese macht durch ihr Costüm ganz den Eindruck
einer Diana. Der Mann ist seiner Tracht nach für einen Asiaten zu
halten. Lanze und Schild deuten auf einen Krieger oder auf einen
Jäger [14]). Hätte die Figur nicht ein so jugendliches Ansehen, so

---

11) Philol. a. a. O. S. 338 fg.

12) Sala a. a. O. p. 29: „Non pochi illustratori di quest'avorio credettero vedere
nella figura iguuda del Paride (er meint unsern Hippolytus) un eunuco. Niuno però
avverti che le forme di un evirato non sono si snelle quali manifesta il nostro eroe,
nè alcuno di essi avviso che ferro severo avesse per avventura resa in tal modo decente
un immagine che doveva appartenere al romano pontefice Paolo II." Auch Westwood,
der nach einem Abgusse urtheilen konnte. bemerkt: „It may be suggested that the
hermaphroditic state of Hippolytus was not the original condition of the relief", und
auf unseren Photographien gewahrt man deutlich die Spur des Ausschneidens.

13) Dass in den meisten Fällen, in welchen man die Flügellosigkeit von Eroten
durch Annahme einer besonderen Beziehung oder der Nachlässigkeit von Seiten des
Künstlers hat erklären wollen, keine dieser beiden Auffassungsweisen das Richtige
trifft, sondern dass die alten Künstler bei den Eroten ebenso wie bei den Niken das
Flügelattribut in der Regel ohne besondere Absichtlichkeit wegliessen, unterliegt uns
keinem Zweifel.

14) Die Wahlverwandtschaft des Kriegs und der Jagd ist bekannt. Dass bei dieser auch die in jenem gebräuchlichen Schutzwaffen angewandt wurden, wenigstens
der Schild, kann schon der aus Schrift- und Bildwerken bekannte Gebrauch der
ἰγαππὶς an Schildes Statt sowohl bei dieser als bei jenem lehren. Aber es fehlt auch
nicht an Bildwerken, auf denen Jäger mit den Schutzwaffen der Krieger, namentlich
mit dem Schilde dargestellt sind: ich begnüge mich hier auf Sammelwerke, wie Weis-
ser's und Kurz's Lebensbilder aus dem klass. Alterthum. Taf. XXIX, Panofka's Bilder
ant. Lebens. Taf. V, n. 7, und Montfaucon's Antiq. expliq., T. III, pl. CLXXIX fg.,
auf Panofka Mus. Pourtal. pl. XI, Bouillon Mus. des ant. T. III, Basrel. pl. 31 = Clarac

würde man etwa an Aeneas und Dido denken können, und zwar, da das Weib als Jägerin constümirt ist, an die aus dem vierten Buche der Aeneis bekannte Liebesaffaire in der Höhle, wozu denn das betreffende Miniaturbild aus dem vaticanischen Vergil (Seroux d'Agincourt Hist. de l'art, T. V, pl. LXIV, nr. 1) verglichen werden könnte (auf welchem übrigens Dido und Aeneas sitzend dargestellt sind). So aber bleibt — man mag herumsuchen, so viel man will — nichts übrig als anzunehmen, dass Diana und Endymion oder Venus und Adonis, nach Ovid. Metam. X, 533 fg., zu erkennen seien [15].

Mus. de sculpt. pl. 151, nr. 186 (wo der Schild mit dem sprechenden Embleme eines Hundes, der einen Hasen verfolgt, verziert ist) und die meisten der unten, Anm. 19 u. 20a.f. angeführten entsprechenden Sarkophagreliefs, ferner die Serradifalcos' Ant. d. Sic. III, 45, 1 in Gerhard's Arch. Ztg. 1847, Taf. V, nr. 2, Mon. d. Inst. VI, 3, Mus. Capitol. IV, 50 = Armellini's Scult. del Campid., t. 130 u. 323 u. s. w., sowie auf Philostr.Imag. I, 28, p. 403. 5 fl. Kayser, zu verweisen. Fast durchgängig lässt sich, wie natürlich, gewahren, dass es Jäger sind, welche mit reissenden Thieren zu thun haben. Will man nun gegen die Auffassung der in Frage stehenden Figur als Jäger einwenden, dass der Künstler dem Jäger wohl einen Hund beigegeben haben würde, so mache ich zuerst darauf aufmerksam, dass, wie überall, so auch auf dem Gebiete der Kunst der Wahlspruch: variatio delectat, seine Geltung hat. Dann ist zu bemerken, dass die Genossin in Jägertracht dazu beitragen konnte, den Mann als Jäger zu bezeichnen. Endlich kann der Schild sehr wohl mit besonderer Absicht gewählt sein. Wenn dieser besonders bei der Jagd von reissenden Thieren vorkam, so konnte er zur Bezeichnung eines solchen Jägers dienen, der es auf Thiere dieser Art absah oder in einer Gegend lebte, in welcher er darauf rechnen musste, bei der Ausübung der Jagd auch ihnen zu begegnen. Beliebte es nun dem Künstler, aus welchem Grunde es auch sein möge, dem Jäger den Schild zu geben, welchen wir bei ihm sehen, so musste er schon wegen Mangels an Raum den Hund weglassen.

[15] Freilich hat Pulszky eine andere Deutung nicht bloss für möglich, sondern auch für richtig gehalten. Da dieselbe von Westwood u. von Labarte a. a. O. angenommen ist, so müssen wir sie doch wohl berücksichtigen, wenn auch nur in einer Anmerkung. Pulszky bemerkt also a. a. O.: »The left tablet is still more interesting, since it contains the unique representation of Diana and Virbius. According to a Latin myth, mentioned in Ovid's Metamorphoses, XV, 538 et seq., and Virgil's Aeneid, V, 761 et seq., Hippolytus was resuscitated from the dead, either by Aesculapius or by Diana, his patroness, and transferred to Aricia, into the temple and sacred wood of the goddess, to be worshipped with her as the god Virbius. Diana is characterized by her short hunting dress. Close to her we see Virbius, with spear and shield, and the Phrygian cap, as an allusion to the transformation of the Greek hero in a Latin god, worshipped by the descendants of the Trojans (?). Cupid without wings — a symbol of celestical love and of the initiation into the mysteries (?) —, puts wreaths upon the head of the goddess and of the new god, as an emblem of victory.« Er meint, die Darstellung stehe unter dem Einfluss von »the Neoplatonist and Eclectic philosophers«, welche in »their opposition to Christianity, liked to resuscitate the old myths of Paganism, which resembled the mysteries of the Christian faith. Hippolytus coming to his painful death by the calumny of Phaedra and resuscitated by Diana, belonged eminently to that class« u. s. w. Wir haben uns erlaubt, hinter die Sätze, welche in archäologischer Hinsicht unhaltbar

An jene hat auch schon Gori bei Quirini p. ix gedacht, dem
übrigens von den vielen und zum Theil wesentlichen Punkten, in
welchem unser Relief von den bekannten Darstellungen des Endymion
und der Selene abweicht, nur die Phrygische Mütze des Endymion
Schwierigkeiten machte, von der er nicht einzusehen bekennt, wie sie
diesem zukomme. Man müsste, um das Asiatische Costüm zu erklären, in Anschlag bringen, dass Endymion auch als Karer galt und
sein Liebesverhältniss zu Selene grade auf Asiatischen Grund und Boden versetzt wird. In Betreff der sonstigen bedeutendsten Abweichun-
gen von den gewöhnlichen Darstellungen der Endymionssage [16]) wäre
aber etwa darauf aufmerksam zu machen, dass auf unserem Elfenbeintäfelchen eine Scene *nach* der in jenen vorgestellten ersten Begegnung
gemeint wäre, und dass dem auf ihm enthaltenen Bildwerk wenigstens
ein bekanntes Relief zur Seite steht, nämlich das auf dem Sarko-
phagdeckel in Gerhard's ant. Bildwerken, Taf. XXXVI, wo Selene
und Endymion von zwei Liebesgöttern umgeben neben einander sitzen
und die erstere das Haupt des letzteren zum Kuss heranzieht. Aber
auch so bliebe das Asiatische Costüm des Geliebten der Selene eine
in Wirklichkeit für uns ganz vereinzelt dastehende Ausnahme. Zudem
stellt sich die Frage, wie es gekommen sein möge, dass der Künstler
der Selene die gewöhnlichen Attribute, bogenförmig flatterndes Gewand
und Mondsichel, nicht, dagegen aber die ungewöhnliche Dianakleidung
gab. Endlich liegt auf der Hand, dass, während jenes Marmorrelief

sich ganz natürlich an den aus der Sage bekannten Besuch der Selene bei dem schlafenden Endymion anschliesst, indem es uns die Liebesscene nach der Erweckung desselben vorführt, das Verhältniss der betreffenden Darstellung unsers Diptychons wesentlich ein anderes ist. Dass hier nicht an eine gleiche Liebesscene zu denken ist, bedarf wohl kaum einer besondern Bemerkung. Warum wären denn beide Hauptfiguren stehend dargestellt, und — was besonders zu beachten — in vollständiger Ausrüstung zur Jagd? Will man aber annehmen, es sei die Trennung von Selene und Endymion nach dem Liebesgenusse gemeint, der Augenblick, wo jene nach ihrer Behausung zurückzukehren, dieser sich seiner gewöhnlichen Thätigkeit zuzuwenden im Begriff sei, so ist nicht abzusehen, warum gerade dieser nach der gewöhnlichen Sage ganz unwichtige Moment gewählt sein sollte.

Anders verhält es sich bezüglich der Annahme von Venus und Adonis. Erscheint doch jene auch bei Ovid „nuda genu, vestem ritu succincta Dianae [16]." Was aber den Adonis anbetrifft, so sind freilich *unzweifelhafte* Darstellungen, in welchen derselbe Asiatische Tracht hätte, bis jetzt nicht genauer bekannt, allein eine Anzahl der kundigsten Gelehrten hat diese Tracht ohne Bedenken angenommen [17],

---

[16]) Vgl. auch Verg. Aen. I, 320, wo die bei einer anderen Gelegenheit als Jägerin verkleidete Venus bezeichnet wird als nuda genu nodoque sinus collecta fluentis.

[17]) So (abgesehen von Visconti und Clarac Descr. d. ant. du mus. roy. n. 424) Welcker Das akad. Kunstmus. zu Bonn, S. 57, zu nr. 64, der zw. Ausg., und namentlich Raoul-Rochette a. a. O. p. 119 fg. Der letztere erkennt nicht nur den Jüngling in der früher im Besitz von Fr. Thiersch, jetzt im Grossherz. Mus. zu Karlsruhe befindlichen Terracotta von Nisyros mit diesem Gelehrten (Dissert. qua probatur, vet. artif. op. vet. poetarum carmin. optime explicari, Monach. MDCCCXXXV., p. 25 fg., zu tab. V) als Adonis an, sondern nimmt auch an, dass die meist auf Anchises bezogene Figur auf dem bekannten Hawkins'schen Bronzediskos (Denkm. d. a. K. II, 27, 293) Adonis darstellen solle, wie der Erklärer in den Specim. of ant. sculpt. T. II, z. pl. 20, gethan hatte. Ebenso erachtet de Witte in den Ann. d. Inst. arch. XVII, p. 390 die Deutung der Terracottafigur auf Adonis für durchaus zulässig. Derselbe trägt in der Elite des monum. céramogr. T. IV, p. 210 auch nicht das mindeste Bedenken, den Jüngling mit der sogen. Phrygischen Mütze auf dem Vasenbilde pl. LXXII als Adonis zu fassen. Noch jüngst hat der Verfasser des Catalogs des Mus. de sculpt. ant. der K. Ermitage zu St. Petersburg p. 47 ed. II, n. 177 eine Büste als „Paris ou Adonis coiffé du bonnet phrygien" aufgeführt. Andererseits trug ein ebenfalls kundiger Archäolog Bedenken, auf dem in Gerhard's Arch. Ztg. 1847, Taf. I, abgebildeten Berliner Terracottarelief wegen der »Phrygischen Tracht« Adonis vorauszusetzen und entschied sich für Anchises, ohne indessen durch seine Erklärung der Gesammtdarstellung (vgl. a. a. O. S. 14) die Beziehung der betreffenden Figur auf den letzteren auch nur im mindesten wahrscheinlich zu machen.

und wer wollte in Abrede stellen, dass sie bei ihm viel grössere
Wahrscheinlichkeit habe als bei Endymion.[18]).

Oder wollte man behaupten, dass es sich bei der in Rede stehenden Figur unseres Diptychons gar nicht um die Tracht eines Asiaten, sondern um die eines Jägers handle?

Dieses würde in der That nicht in den Bereich der Unmöglich-
keiten gehören. Die Fussbekleidung ist entschieden die eines Jägers.
Da die Figur nicht mit Anaxyriden versehen ist, lässt sich auch aus
der Aermeltunica keinesweges mit Sicherheit auf Asiatische Tracht schliessen: grade die Jäger finden sich auf Römischen Monumenten mit
solchen Tuniken und daneben mit Kothurnen bekleidet[19]). So bleibt
von Asiatischer Tracht nur die Mütze mit nach vorn übergebogener
Spitze oder Wulst über. Allein mit dieser kann es sich ebenso ver-
halten wie mit dem Aermelchiton, zumal da keine Backenlaschen
dargestellt sind. Kopfbedeckung gehört zur Jägertracht. Jene besteht aber oft in rundlich oder spitz auslaufenden Kappen oder Mützen.
Unter diesen finden sich auch solche, welche ähnlich oder ganz so
aussehen wie die sogen. Phrygische Mütze[20]); wie denn auch die

---

[18]) Man bedenke, dass auch andere Asiaten auf den Kunstwerken theils in Helle-
nischem, theils in Asiatischem Costüm erscheinen, hauptsächlich je nach den verschiedenen Gattungen der Kunstübung, darunter einige in der einen jener Trachtarten
ebenso selten, wie wir es bezüglich des Adonis in Betreff der Asiatischen Tracht bis
jetzt annehmen müssen; so wie, dass selbst Aphrodite als Kypris mit ähnlicher Asiatischer Kopfbedeckung versehen vorkommt (vgl. Text zu d. Denkm.d. a. K. II, 2, 257,
auch II, 20, 289); endlich auch, dass für die Monumente aus späterer Zeit wie
unser Diptychon es um so mehr freisteht einen Adonis in orientalischem Costüm anzunehmen, als grade in späterer Zeit auch bei den Schriftstellern die orientalische Ab-
kunft besonders hervorgehoben wird. So heisst er bei Lucian. Dial. Deor. XI, 1 Ἀσ-
σύριον μέιρακιον, bei Martian. Capella II, 192. p. 137, Kopp. Byblius Adon, bei Nonn.
Dionys. XLI, 157 Ἀσσύριος Ἄδωνις.

[19]) Vgl. die Statue mit dem aufgesetzten Kopfe des Commodus im Braccio nuovo
des Vatican bei Guattani Mon. ined. per l'a. 1805, t. 26, und danach bei Clarac Mus.
de sc. pl. 961, n. 2472, Pistolesi Il Vat. descr. ed illustr. Vol. IV, t. 6 und Nibby
Mus. Chiaramonti T. II, t. 41, und die Reliefs bei Amaduzzi Mon. Matthaeian. T. III,
t. 40, f. 1, Guattani Memor. enciclop. s. antich. e bell. art. di Roma, T. II, t. 3, Gori
Inscr. ant. Etrur. in urb. T. III, t. 45, Lasinio Raccolt. di sarcoph., urn. ed altri monum.
di scult. del Campo Santo di Pisa t. LXXXVI, LII, u. CXXXIV, LII, A. de Laborde
Voyage pitt. et hist. de l'Espagne T. I, pl. 11, n. 3, Millin Voy. dans le midi de la France
pl. XXVI, n. 1, Caylus Rec. d'Antiq. T. IV, pl. 119, und die Photographie bei Ch.
Lorriquet Reims pendant la domination Romaine fig. VII, Bouillon Mus. des Antiq.
T. III, Basrel., pl. 31, oder Clarac T. II, pl. 151, n. 186.

[20]) Aehnlichkeit hat die Kopfbedeckung des Jägers bei Guattani Mon. ined. 1787,
Maggio, t. II und Zoega Bass. ant. t. XXXVI, nur dass die Spitze nicht nach vorn

Mütze der Handwerker bisweilen jener durchaus ähnlich erscheint[21]).
Desgleichen vertritt die „Phryg. Mütze" die gewöhnliche der Kyne mehr
entsprechende Kopfbedeckung der Dioskuren[22]). Umgekehrt endlich

übergebogen ist. Aber der Kopf, welcher nach Platner Beschr. d. St. Rom III, 2, S. 49,
n. 3 „aufgesetzt, jedoch vielleicht antik" ist, gehört nach Zoega T. I. p. 170 einem
anderen Werke, vielleicht der Figur eines auriga an. Noch mehr die Kopfbedeckung
der Kreta (Müller Hdb. d. Arch. §. 418. A. 1) auf dem Neapolitanischen Cameo Mus.
Borbon. II, 28, 1 (Panofka „Zufluchtsgotth." in Berl. Akademieschr. 1853 Taf. IV, n. 1),
welche Jahn (Arch. Beitr. S. 240, A. 9) gradezu als „Phrygische Mütze" bezeichnet.
Da die betreffende Figur inzwischen auch Anaxyriden trägt, so frägt es sich, ob ihr
Costüm als Asiatisches oder als Jägertracht, wie Müller wollte, zu betrachten ist.
Erwägt man, dass sie nicht bloss mit einem Speere, sondern auch mit Bogen und
Köcher versehen ist, so kann man um so mehr geneigt sein, barbarisches Costüm
anzunehmen, da ja selbst Herakles als Bogenschütz mit Anaxyriden dargestellt
gefunden wird (Gerhard Gr. u. Etr. Trinksch. Taf. XXI), um von der barbar.
Kopfbedeckung der Bogner auf der François-Vase (Mon. de Fast. IV, 54, 55) ab-
zusehen und zu geschweigen, dass Elpenor als Bogenschütze auf einem Etr. Spiegel
(Overbeck Galler. her. Bild T. XXXII, n. 15 einen der Phryg. Mütze ähnelnden
Helm (Overbeck S. 785) hat. Auch in anderer Beziehung liesse sich die Annahme Asiatischer Tracht rechtfertigen theils wegen des Zusammenhangs von Kreta und
Asien in ältester Zeit, theils weil es gäng und gebe war, dergleichen Wesen in Ama-
zonentracht darzustellen. Nichtsdestoweniger hat der Gedanke an Jägertracht nach
unserem Dafürhalten noch mehr für sich, die ihren Grund darin hat, dass auf Kreta
ganz besonders die Jagd geübt wurde. Es ist bekannt, dass Bogen und Köcher die Hauptwaffen der Kretenser waren, vgl. Aristoph. Ran. 1395 fg., auch
Pliu. Nat. Hist. XVI, 16, und der Jagdspiess als ihre Erfindung galt, Plin. VII,
201. Auf späteren Sarkophagreliefs finden sich Römische Grosse und ihre Römischen
Begleiter — denn in Betreff der, auch vorkommenden, welche aus Afrika oder Asien
stammen, bedarf die Sache hier keiner besondern Bemerkung, obgleich dieselben nicht
immer richtig erkannt sind — mehrfach mit Chlamys, Aermeltunica und Hosen bekleidet. So ausser dem oben in Anm. 19 a. E. angeführten Relief des Louvre, auf dem
in Pal. Mattei bei Bartoli Admir. Rom. ant. t. 24, Montfaucon Ant. expl. T. III, P. 2,
pl. 183 und in Mon. Matth. III, 40, 2, dem Pisanischen bei Lasinio t. LXVI, III, dem
Dresdener bei J. G. Lipsius Kupfer zu der Beschr. der Ant.-Galler. zu Dresd. Taf. 37
u. bei Becker Augusteum III, 110. Wenn Clarac über das Pariser Monument wegen der
Anaxyriden bei einem Röm. Grossen T. II, P. 1, p. 476 bemerkt: ce bas-relief pouvait
rappeler quelque chasse célèbre qui aurait eu lieu en Orient dans quelque expédition
militaire des Romains, so halten wir diese Annahme, insofern sie auf jene Tracht ge-
gründet ist, weder hier noch anderswo für genügend, so bekannt es auch ist, dass
die Römer nicht anstanden, im Auslande fremde Tracht anzulegen, vgl. Marquardt
Röm. Privatalterth. II, S. 162, und Tacit. Hist. II, 20, so wie Fl. Vopiscus Aurelian. 34.

[21]) So bei dem Dädalos auf dem Relief in Pal. Spada (Winckelmann Mon. ined.
n. 94 und besonders E. Braun Zwölf Basrel. Taf. 5) und dem Hephästos auf dem Pro-
metheusrelief in den Engrav. and Etch. of sepulcr. mon. u. s. w. in the Collect. of H.
Blundell, pl. CVIII (Gerhard's Denkm. u. Forsch. 1858. T. CXIV, n. 4), so wie auf
dem bei Bartoli Admirand. t. 66, Mus. Capitol. T. IV, t. 25 (Denkm. d. a. K. I, 72, 405),
Armellini Sc. d. Camp. t. 176 u. 177 (D. a. K. II, 65, 838, a).

[22]) Auf dem Candelaberrelief im Mus. Chiaramonti I, 9, nach der Abbildung zu

ist auch die „Phrygische Mütze" dann und wann durch eine, an
welcher sich keine nach vorn übergebogene Spitze oder Wulst befindet, ersetzt [2 3]).

Indessen liefe doch die Annahme, dass die anscheinend Asiatische Kopfbedeckung auf unserem Elfenbeintäfelchen nur eine Jagdmütze sei, immer auf eine Voraussetzung minderer Achtsamkeit und
Genauigkeit von Seiten des bildenden Künstlers hinaus. Wir unseren
Theils glauben nicht an sie, ohne deshalb die Beziehung der betreffenden Figur auf Adonis irgendwie beeinträchtigt zu erachten.

Unter den bis jetzt auf Adonis bezogenen oben angeführten Bildwerken von jugendlichen Figuren in wirklicher oder gar nur vermeintlicher Asiatischer Tracht, welche in mehreren Fällen nur in der sogenannten Phrygischen Mütze besteht, ist allerdings kein einziges,
in Betreff dessen diese Deutung sicher stände, kaum *eins*, bezüglich
dessen dieselbe auch nur vorwiegende Wahrscheinlichkeit hätte [2 4]).

---

urtheilen, denn der Text von F. A. Visconti und Guattani spricht p. 25 so, als handle
es sich um den gewöhnlichen eiformigen Hut.

23) So bei Paris auf dem Onyxcameo bei Zannoni R. Gall. di Fir. V, t. 22, n. 2
(Overbeck Gall. her. Bildw., Taf. XI, n. 2. Bei Clarac Mus. de sc. T. IV, pl. 833 C,)
n. 2081 B ist die Statue eines Jägers mit einer halbeiformigen Kappe aus dem Mus. zu
Neapel, die Winckelmann auf Pollux deutete, als Paris restaurirt gegeben, eine Wiederherstellung, die inzwischen aller Wahrscheinlichkeit entbehrt.

24) S. Anm. 17. Der von Welcker nach der Abbildung in den Specim. of ant.
sculpt. II, 17 berücksichte Kopf ist seitdem in den Anc. marbl. in the Brit. Mus. X,
pl. 4, wiederholt herausgegeben und p. 7 fg. auf Atys bezogen — an welchen schon der
Erkl. in den Spec. und Welcker auch gedacht hatten —, ohne dass auch nur der
Möglichkeit einer Beziehung auf Adonis Erwähnung geschehen wäre, die doch wenigstens
ebenso wahrscheinlich ist als die auf Atys. Für die Beziehung der betreffenden Figur
des Bronzediskos auf Anchises bringt R. Rochette a. a. O. p. 121 hauptsächlich den
Umstand in Anschlag, dass die Liebesbegegnung von Aphrodite und Anchises so gar
wenig auf den Monumenten berücksichtigt gefunden werde, indem sie nur auf der
Münze von Neu-Ilion aus späterer Römischer Zeit, bei Pellerin Rec. III, pl. CXXXIV,
7 (Millin Gal. myth. pl. XLIV, n. 644) vorkomme. Hierauf ist indessen, auch wenn die
Sache ganz sicher stände, nicht zuviel zu geben. Man achte auf den eigenthümlichen
Umstand, dass der Hund der in Rede stehenden Figur schläft. Wie ist das zu erklären? Doch wohl nur daher, dass das wachsame Thier durch eine höhere Macht eingeschläfert ist, damit es kein Geräusch mache, oder daher, dass es sich selbst dem
Schlafe hingegeben habe, weil sein Herr seines Beistandes nicht bedurfte. Beides passt
nicht zu Adonis, wohl aber zu Anchises, wie dessen Liebesabenteuer im vierten Homerischen Hymnus dargestellt wird, nach welchem Aphrodite bestrebt ist, ihre Begegnung
mit Anchises durchaus geheim zu halten und Anchises von seinen Gefährten, welche
dem Hüten der Rinder obliegen, verlassen und allein in der Meierei zurückgeblieben
ist, wo er nicht Wache zu halten hat, sondern sich dem Kitharspiel hingiebt. Hätte
R. Rochette Recht, indem er den Hund als Schäferhund bezeichnet, so könnte man

Aber es fehlt nach unserer Ueberzeugung trotzdem nicht an bildlichen Darstellungen, von welchen dieses gilt. Wir wollen sie unten in einer Anmerkung [25]) besprechen, in-

sich veranlasst fühlen, diesen für Adonis und gegen Anchises zu veranschlagen, da letzterer als Rinderhirt galt (Hymn. Hom. IV, 78, Theocrit. I, 105 fg.), ersterer hingegen als Kleinviehhirt (Engel Kypros, II, S. 574, A. 81). Allein — ganz abgesehen davon, dass in dieser Bezichung ein Wechsel stattgefunden haben kann, wie ja Paris auf älteren Monumenten mit Rindern erscheint, in Uebereinstimmung mit der Bezeichnung als βουκόλος, Eurip. Iphig. Aul. 1277, und βούτας, Eur. Ilec. 635 (645) u. Androm. 281, wo der Scholiast z. Vs. 282 mit Unrecht bemerkt: βουκόλος κοινῶς ὁ νομεύς ἀπὸ τοῦ ἐπιφανεστέρου ζώου, vgl. auch Hygin. Fab. XCI, auf spätern aber Schafe oder Ziegen oder Rinder und Kleinvieh zugleich bei sich hat — wie lässt sich darthun, dass es sich grade um einen Schäferhund handle? Der Hund hat grosse Aehnlichkeit mit unseren sogenannten Bulldoggen. Auf dem viel spätern Relief bei A. de Laborde Voyage pittor. et hist. de l'Espagne T. I, pl. 11, n. 3 kommt ein ganz ähnlicher bei der Löwenjagd vor. Es genügt, dass er besonders geeignet war, ein Viehgehöft zu schützen, wenn er auch ohne Zweifel kein Spartanischer und vermuthlich nicht einmal ein Molossischer Hund ist, vgl. Verg. Georg. III, 405 fg., Horat. Epod. VI, 5 fg. u. Aristot. Hist. animal. XI, 1. Die gewöhnlich und, wie es scheint, mit Recht für Molosser gehaltenen Hunde in statuarischer Bildung, die beiden im Cortile del Belvedere am Eingang zu der Sala degli animali aufgestellten, von denen der eine abgebildet ist bei Pistolesi Il Vatic. descr. ed illustr. Vol. IV, t. 100, der in Palazzo Chigi (Beschreib. der Stadt Rom von Platner u. s. w. III, 3, S. 329), der in Cavaceppi's Raccolta I, 6 abgebildete, jetzt in England befindliche und der ausser diesen von C. A. Böttiger Kl. Schr. Bd. II, S. 357 erwähnte nehmen sich ganz anders aus. Die Deutung der betreffenden Terracottafigur von Nisyros auf Adonis hielt schon K. O. Müller im Hdb. d. Arch. §. 378, für fraglich, stellten dann W. Engel, Kypros II, S. 635, A. 191 (der an Phaethon dachte) und O. Jahn Ann. d. Inst. arch. XVII, p. 351 in Abrede, vertauschte endlich von Lützow im Catal. von Thiersch's Antiken-Samml. S. 15, z. nr. 315, ohne weiteres mit der auf Eros. Bezüglich ihrer steht sogar in Frage, „ob der hohe Kopfschmuck", wie ihn Lützow passender nennt als Thiersch, der nur von einer „corona" spricht, für die „Phrygische Mütze" zu halten ist, an welche Müller a. a. O. denkt, durch deren Nichtanerkennung aber selbst bei Annahme eines Adonis das betreffende Werk hier ganz irrelevant wird. Die Figur auf dem Vasenbilde wird von Anderen, zuletzt von Overbeck Galler. her. Bildw.. S. 266, zu Taf. XII, n. 6, als Paris gefasst, und zwar, wie uns dünkt, richtiger. Die Petersburger Büste, ein gewöhnliches, stark geflicktes Werk, giebt nach unserem Dafürhalten auch nicht die geringste genügende Veranlassung, von der durch die Bank anzunehmenden Beziehung solcher Köpfe auf Paris abzuweichen.

25) In einer Wandmalerei, die Fiorelli Giornale degli scavi di Pompei A. 1867, I, p. 20 beschrieben und t. IV abbildlich mitgetheilt hat, erscheint unter nr. 1 neben Brustbildern des Dionysos und anderer Wesen des Bakchischen Thiasos das Brustbild eines Knabenjünglings mit der sogen. Phryg. Mütze, goldnen Ohrringen, einem Ring am kleinen Finger der linken Hand, in purpurrothen Gewändern, der ein Pedum in derselben Hand hält und auf einen kleinen Amor, der hinter seiner linken Achsel zum Vorschein kommt, zu hören scheint, wie Fiorelli bemerkt. Die Figur erinnert durch diesen Umstand und durch einige Andere an den Paris bei Overbeck Gall. her. Bildw. Taf. XII, n.1, und an die von Panofka sogenannte „unbekannte Ortsnymphe" in

dem wir zugleich einige berücksichtigen , deren Beziehung auf

---

Gerhard's Denkm. und Forsch. 1857, Taf. CII , welche Darstellung auch in Ternite's Wandgemälden aus Pompeji und Hercul. II. X, Taf. XXX abgebildet und von Welcker als „Paris von Amor gezupft" erklärt ist. Fiorelli bezeichnet sie ohne weiteres als Paris , ohne nachzuweisen , wie dieser in jene Gesellschaft kommen könne. Gegen die Deutung spricht auch das sehr jugendliche , fast mädchenhafte Aussehen der Figur, welches zu einer Beziehung auf Adonis vortrefflich passt. Erinnert man sich nun daran , dass nach Phanokles Dionysos den Adonis geraubt haben sollte (vgl. Preller im Rhein. Mus., n. F., IV, 1846 , S. 401 fg.), so wird man schwerlich umhin können, diesen zu erkennen. Allerdings ist der Hirtenstab bei Adonis noch nicht sicher nachgewiesen worden, sowie es keine andere Darstellung giebt, in welcher sich eine sichere Hindeutung auf Adonis als Hirten fände. Ob W. Engel , welcher (Kypros II , S. 514, A. 81) Adonis als Hirten auf dem bei Gerhard Etr. Spiegel T.CXV und zuletzt im Mus. Borb. XIII, 53 abgebildeten Spiegel dargestellt glaubt, und O. Jahn, der in den Ann. d. Inst. XVII, p. 356, Anm. 6 dieselbe Ansicht ausspricht, ohne sich seines Vorgängers zu erinnern, Recht haben, steht sehr dahin. Der Stab, welchen die betreffende Figur in der Linken hält, ist, namentlich nach der letzten Abbildung, eher mit dem zusammenzustellen, mit welchem wir auf Vasenbildern so häufig die Epheben versehen finden, als mit dem Hirtenstabe. Auch O. Jahn's Ansicht (Arch. Beitr. S. 49), dass auf dem Pompejan. Wandgemälde in Gerhard's Arch. Zeitung 1843, Taf. V, n. 2, bei Zahn Die schönsten Ornam. und merkw. Gem., II. 30 (Brugsch Adonisklage n. 1) und bei R. Rochette Peint. de Pomp. pl. IX Adonis als Hirt gedacht sei, der nur um den Eber abzuwehren zum Jagdspeer gegriffen habe — eine Ansicht, bei deren Billigung man eine ganz neue Version der Sage anzunehmen haben würde —, entbehrt allen Scheines. Von dem Amor mit dem Hirtenstabe im Hintergrunde lässt sich doch wohl nicht sagen, dass er dem Adonis „beigesellt sei." Aus ihm lässt sich höchstens nur schliessen, dass die dargestellte Bergwaldlandschaft als Weideplatz diente, worauf auch der auf dem Altar des Priapos liegende Hirtenstab, wohl ein Anathem für den Gott, deutet. Man hat etwa anzunehmen, dass der Kleine in der Nähe des Platzes, an welchem er sich befindet, weidete und, durch die Klagen der um Adonis Versammelten herbeigerufen, aus einiger Entfernung theilnehmend zuschaut. Ganz besonders aber befremdet es, wenn der Hund des Adonis, „der sich durch auffallendes mähnenartiges Haar und ein mit Stacheln besetztes Halsband auszeichnet, ganz abweichend von den gewöhnlichen Jagdhunden", deshalb als „Hirtenhund" betrachtet wird. I'm nicht mit der Frage zu erwiedern, ob denn das Thier den gewöhnlichen Hirtenhunden der Bildwerke gleiche. wollen wir gleich bemerken, dass das mähnenartige Haar doch nicht ganz ohne Beispiel ist. Es findet sich in ähnlicher Reichlichkeit und Stärke bei dem als Molosser gefassten Hunde in Cavaceppi's Raccolta I, 6. minder stark bei entschiedenen Jagdhunden, z. B. in Gerhard's Ant. Bildw. Taf. XXVI, Clarac's Mus. de sc. pl. 113, nr. 185 u. 151, nr. 186, Mus. Borbon. I, 4 (Wieseler Nymphe Echo, n. 3), wohl auch bei Lasinio CIX , XXIX , und in Armellini's Scult. del Campid. t. 130 u. 323. Was dann das Stachelhalsband anbetrifft, so beweist die schon vorlängst von den Herculanensischen Akademikern Pitt. d'Erc. II, p. 279, A. 3 signalisirte, von Jahn nachträglich S. 446 veranschlagte Stelle Varro's de re rust. II, 9, 15, nicht einmal, dass die analogen mit Nägeln besetzten Halsbänder den Hirtenhunden *mehr* als den Jagdhunden angehörten, geschweige denn dass sie jenen ausschliesslich eigen gewesen seien. Varro sagt allerdings in ausschliesslicher Beziehung auf die Hirtenhunde, von denen er eben handelt : ne vulnerentur a bestiis, imponuntur bis collaria, quae vocantur mellum, id est cingulum circum collum ex corio firmo cum clavulis capitatis u. s. w. Durch Scipio

Adonis minderen Schein hat oder doch weiterer Untersuchung anheimgegeben werden muss.

---

bei Paulus Diaconus p. 151, 5 erfahren wir, dass der millus den Hunden überhaupt — denn es wird blos gesagt canibus — als Schutz diente. Wenn Varro ausdrücklich angiebt, dass der Zweck der mella oder milli der gewesen sei, die Hirtenhunde vor Verwundungen durch reissende Thiere — er meint namentlich Wölfe — zu schützen, so liegt auf der Hand, dass solche Halsbänder ganz besonders auch für die Hunde passzten, welche zur Jagd auf dergleichen Thiere gebraucht wurden. In der That finden wir Halsbänder, die mit den in Rede stehenden zusammengestellt werden können — insofern es sich nicht um einen blossen Schmuck handelt — auf den Bildwerken öfter bei Jagdhunden, als bei Hirtenhunden. Für diese sind mir augenblicklich nur zwei Beispiele bekannt, der Hund des Paris auf der Karlsruher Vase bei Creuzer Zur Archäol. Th. III, Taf. 1 (Overbeck Gall. her. Bildw. T. XI, nr. 1) und der eines alten Hirten auf der Sarkophagplatte mit dem Besuche der Selene bei Endymion in Woburn Abbey Marbles pl. IX; für jene (abgesehen von dem Windspiel bei Pistolesi Vatic. deser. V, 5) der Hund der Diana bei Clarac Mus. de sculpt. IV, 560, 1212, der des als Jäger gefassten Endymion bei Armellini a. a. O. t. 50 u. Righetti Campid. I, 140, der des Meleager im Vatican (Mus. Pio-Clem. II, 34, Pistolesi Vatic.IV, 86, Clarac Mus. de sc. pl. 805, n. 2021), der des Jägers bei Righetti I, 108, die in den Jagddarstellungen an dem Silbergefässe in Antiq. du Bosphore Cimmér. pl. XLII, n. 1, auf den Reliefs bei Gerhard Ant. Bildw. Taf. XXVI und CXVI. Ein besonders breites, oben und unten wie gezacktes Halsband trägt der grosse Hund unmittelbar vor dem Eber auf dem Sarkophagrelief bei Lasinio Monum. di scult. del Campo santo di Pisa, t. LXXIII, XX; ein ebenfalls breites mit streifenartigen Platten, wie es scheint, belegtes der Jagdhund auf der Lampe bei O. Jahn Röm. Alterth. aus Vindonissa (Mitth. der antiq. Ges. in Zürich, Bd XIV, H. 4), Taf. IV, n. 4. Ja wir werden uns durchaus nicht wundern dürfen, wenn Hunde, die weder zum Hüten des Viehes noch zur Jagd dienten, mit solchen Halsbändern zum Schutz erscheinen, wie das ja auch noch bei uns der Fall ist Hieber würde der im Compte rendu pour l'ann. 1863, pl. II, nr. 31 von einer bemalten Vase der Ermitage abgebildete Hund gehören, wenn es ganz sicher stände, nicht nur, dass die am Halsbande befindl. Punkte nicht blosse Verzierungen sein sollen, was sich selbst von dem eines Jagdhundes auf der Françoisvase Mon. d. Inst. IV, 54, 55 annehmen lässt), sondern namentl. auch, dass es sich wirklich um einen „Kettenhund" handelt, wie Stephani S. 152, nr. 50 ohne weiteres annimmt. Ein längst bekanntes Beispiel dieser Art ist der Haushund auf dem Pompejan. Mosaik (Mus. Borbon. II,56, Overbeck Pompeji S.190, fig. 147 d. 1ten Aufl., Guhl u. Koner Leb. d. Gr. u. Röm. S.568, Fig. 466 der zw. Aufl.), welcher ein Stachelhalsband von der Art wie das des Hundes des Adonis auf dem Pompejan. Wandgemälde trägt; ein Beispiel, rücksichtlich dessen es Wunder nimmt, dass nicht bloss O. Jahn, sondern dass auch Gerhard und R. Rochette sich desselben nicht erinnerten, deren schon an sich durchaus unwahrscheinliche symbolische Beziehung des Stachelhalsbandes bei dem Hunde des Adonis hienach wohl von Niemand mehr gebilligt werden wird. In dem erst später erschienenen Werke der Gebrüder Niccolini Le caso ed i monum. di Pompei, findet man freilich (Casa detta del poeta trag., t. I, nr. 23) keine Spur von Stacheln an dem Halsbande des Haushundes, sondern erscheint dieses nur als ein mit Runden, die sich durchaus wie blosser Schmuck ausnehmen, verziertes. Wer wird aber deshalb die Richtigkeit der älteren Abbildungen in Zweifel ziehen, auf denen man ausserdem auch jene kleinen Runde am Halsbande findet? Somit giebt es unter den sicheren Darstellungen des Adonis keine einzige, auf welcher er unzweifelhaft als Hirt erschiene. Allein was will es sagen, dass das von Fiorelli

2*

Ist nun die obige Beziehung auf Venus und Adonis richtig, so
wird auch inUebereius timmung mit Ovid anzunehmen sein, dass der

bekannt gemachte Bild in dieser Beziehung allein stehen würde, da es feststeht, dass
Adonis als Hirt galt, und es bekannt ist, dass auch Andere, die als Hirten und Jäger
zugleich galten, wie Paris, Endymion, Narkissos, in den Bildwerken theils mehr als
Hirten theils mehr als Jäger dargestellt gefunden werden? Dass Adonis auf diesen
vorzugsweise in der letzteren Eigenschaft vorkommt, ist offenbar darin begründet, dass
unter den auf ihn bezüglichen Sagen die von seiner Eberjagd mit ihrem tödtlichen
Ausgange so ganz besonders in den Vordergrund getreten war. — Mit fast gleicher
Wahrscheinlichkeit lässt sich der schöne jugendliche Kopf mit der sogen. Phrygischen
Mütze, den man auf der Rückseite der Poniatowsky-Vase Millin Peint. de vases ant.
II, 32, s. auch Annal. d. Inst. T. XV, tav. d'agg. N, nr. P, auf einem Blumenkelch
ruhend erblickt, auf Adonis beziehen. Millin dachte p. 50 an Narkissos, was gar
nicht passt, noch weniger als Migliarini's später aufgestellte Deutong auf den deus Lunus
(a, a. O. der Ann. p. 392 fg.), oder an Atys, auf den man allerdinge auch rathen könnte,
aber gewiss nicht mit so vielem Schoine wie auf Adonis, aus dessen Blute die Rose
entstanden sein sollte und dessen Sage sich nicht weniger als die der Kora auf die
Wiederauferstehung bezieht. Dieser Gedanke war mir längst gekommen, als ich die
beiden von Migliarini in den Ann. a. a. O. t. M, nr. K und t. O, nr. Q abbildlich mit-
getheilten, auch an unteritalischen Vasen befindlichen auf und zwischen Blumen und
Ranken dargestellten jugendlichen Köpfe mit der „Phrygischen Mütze" kennen lernte.
Es liegt auf der Hand, dass alle drei Male dieselbe Person gemeint ist, wenn auch
der ersterwähnte Kopf vor sich hin schaut, während die beiden anderen aufwärts bli-
cken. Die an letzter Stelle angeführte Darstellung ist besonders beachtenswerth, da
sie den Kopf von zwei in ganz durchsichtige Gewänder gehüllten dahinschwebenden
weiblichen Figuren umgeben zeigt. Migliarini hält dieselben für Schatten a. a. O.
p. 393: — si aggirano volando attorno di questo Luno due simulacri velati, che hanno
per loro particulare distintivo la bocca coperta. Ogni apparenza li qualifica per om-
bre, che. desiderose di corporea esistenza, volteggiano intorno alla sfera lunare ove
credeasi aver elleno stanza, non solo dagli Egiziani, ma ancora da altri popoli. —
Die Frauen haben Aehnlichkeit mit der einen von den beiden Tänzerinnen in Pitt.
d'Ercol. T. XI, t. 17, Mus. Borb. VII, 33. Eine grosse Anzahl von entsprechenden Figuren
Lebender, welche so tief in ihr Himation gehüllt sind, dass selbst der untere Theil
ihres Gesichts bedeckt ist, hat Stephani Ant. du Boph. Cimmér. T. II, p. 45 u. Compte
rendu pour l'ann. 1861, S. 7, Anm. 1 zusammengestellt, und für dieses Gewandmotiv
auf Dicaearch. p. 146, ed. Fuhr., u. Tacit. Ann. XIII, 45 verwiesen. Die in Rede
stehenden sind offenbar Tänzerinnen, die wir wegen ihrer durchsichtigen Gewänder
mit grösster Wahrscheinlichkeit dem Adoniscultus zuweisen können, in welchem ja
von Weibern ausgeführte Tänze besonders vorkamen. Ich will nicht in Anschlag bringen, dass Migliarini selbst den auf anderen Vasen dieser Art in ähnlicher Umgebung
so oft vorkommenden weiblichen Kopf auf Kora und Aphrodite bezieht, welche beide
einen passenden Pendant zu Adonis bilden. — Die Beziehung der obigen Köpfe auf Adonis wird mir noch wahrscheinlicher durch die Darstellung auf dem Griff der Terracott-
talampe in Antich. di Ercolano T. VIII, t. XXIV, n. 1. Wir sehen hier in ähnlicher
Weise zwischen Blumen (di loto o di giacinto nach den Akademikern p. 137) eine zarte
jugendliche Figur mit der „Phrygischen Mütze" auf dem Haupte zu mehr als der
Hälfte des Körpers aus einem Blumenkelche hervorragen, welche in der Rechten nach
den Akadem. ein coltello o staffile o pedo und im Schurze des Gewandes links runde
Früchte hält. Die Akad. denken in Anm. 3 an Atys. Für diesen könnte auf den er-

dargestellte Augenblick unmittelbar nach der bei dem Dichter erwähnten gemeinsamen Jagd liege. Dafür spricht unter Anderem

sten Blick vielleicht besonders zu sprechen scheinen, dass man ihn auf die (rasch verwelkenden) Frühlingsblumen bezog (Euseb. praepar. evang. II. 11, 12). Aber Adonis, der τροφεῖς πάντων ἀρίδηλος, welcher πρὸς Ὄλυμπον ἄγει δέμας ὡριόκαρπον, und μύστηαι γ᾽ἔρει καρποὺς ἀπὸ γαίης (Hymn. Orph. LVI (55), 3 u. 10 fg.) passt viel besser. Freilich stellte man Adonis hauptsächlich in Beziehung auf die reife Saat, vgl. meine Anführungen zu Clement. Rom. Homil. p. 162, 7 ed. Dressel., hinter Clementin. Epit ed. Dressel. p. 274, und wie die betreffenden Schriftsteller diese als τοὺς ὡραίους καρποὺς bezeichnen, so könnte man das Epitheton ὡριόκαρπος auch auf sie allein deuten wollen. Allein das ist nicht nöthig, ja in Anbetracht von Vs 3 nicht einmal wahrscheinlich. Dass dem Adonis auch andere Früchte des Spätsommers, namentlich die sogenannten ἀκρόδρυα am Herzen lagen, und er als Geber derselben betrachtet wurde, wie ja auch Gaben der Baumfrucht auf Demeter zurückgeführt wurden (Preller Dem. u. Perseph. S. 320), erhellt aus den von Eugel Kypros II, S. 592, Anm. 118 angeführten Stellen, aus Theocrit. XV, 112, nebst dem Scholiasten, und aus seiner Verschmelzung mit Dionysos, dem eigentlichen Gotte der veredelten Baumfrucht (Plutarch. Sympos. IV, 5, 3, Socrat. Hist. eccl. III, 23, Auson. Epigr. XXX), einer Verschmelzung, die freilich auch in Betreff von Atys und Adonis und von Atys und Dionysos stattfand (Eugel a. a. O. S. 603 fg.). Wir wollen nicht unterlassen, auch darauf aufmerksam zu machen, dass Adonis auch als Vater des Priapos galt (schol. Apollon. Arg. I, 932), bei dem die oben erwähnten Attribute der Figur des Lampengriffs allbekannt sind. — Misslicher ist der Gedanke an Adonis bei einem Flügelknaben mit der sogen. Phryg. Mütze und einem Blattfächer in der einen Hand, der nach einem Wandgemälde von Stabiae im Mus. Borbon. Vol. XI, t. 53 nebst mehreren anderswoher stammenden Wandbildern von in der gleichen tanzmässigen Bewegung dargestellten Amoren abbildlich mitgetheilt ist. Eros findet sich auch sonst mit Kopfbedeckung, wenn auch nur selten als Fischer mit der bei den Fischern üblichen Pitt. di Erc. T. IV, t. 21 als Jäger mit der der Jäger anderswo. Auch auf dem Gemälde im Mus. Borb. XIV, 20 wird sich der ähnliche Petasos, welcher dem Amor gegeben ist, auf entsprechende Weise erklären lassen, wenn der von diesem u. Psyche getragene Gegenstand eine Pflugsterze ist, wie Quaranta meint. Aber das kann nicht mit dem vorliegenden Falle zusammengestellt werden. Eros trägt ferner als Sieger über Ares den Helm desselben nicht bloss in den Händen, sondern auch auf dem Kopfe, vgl. z. B. Denkm. d. a. K. II, 51, 644. Allein wer würde sich dazu entschliessen, in der betreffenden Figur Amor als Sieger über den Anchises oder den Adonis — in welchem Falle das Gemälde doch indirect für die „Phryg. Mütze" dieses zeugen würde — zu fassen? Ich schrieb die letzten Worte, ohne zu wissen, dass die in ihnen zurückgewiesene Auffassung wirklich stattgehabt habe. In E. von Sacken's und Fr. Kenner's Beschreibung der Sammlungen des K. K. Münz- und Antiken-Cabinetes findet sich unter den ganzen Figuren von Bronze erwähnt S. 306, nr. 1218 ein „laufender Amor. ungeflügelt, aufwärtsblickend, die linke Hand erhoben, eine Phrygische Mütze auf dem Kopfe (in Beziehung auf die Geschichte des Paris oder Atys), lebendig in der Bewegung, von echt kindlicher Bildung, eine reizende Figur. Die Augen von Silber, 4½ Z. Was er in der rechten Hand hält, fehlt." Ausserdem unter der Rubrik „Köpfe und Büsten, meist in Relief, Beschlägstücke und Bestandtheile von Geräthen, 1—3½ Z. gross", von Bronze S. 309, nr. 1293: „Amor od. Deus Lunus. Kopf mit Phrygischer Mütze, halbkugelförmig." Leider erinnere ich mich dieser Bildwerke nicht mehr von meinem Aufenthalte in Wien. Bei dem letzten lässt sich, da es doch gewiss einen Knabenkopf darstellt, schon der Umstand, dass Venus ohne Jagdwaffen ist: die Göttin hat diese, eben weil die Jagd für sie vollendet ist, von sich gethan. Die

---

nicht an einen Lunus, wohl aber z. B. an einen jener Mithrischen Fackelträger denken. Einen Mithrischen Phosphoros hat man auch anzunehmen, wenn Gerhard's Deutung der Karlsruher Terracotta bei Walz über die Polychromie der ant. Sculptur Taf. II, n. 1 (vgl. Fröhner Die Griech. Vasen u. Terracott. der Grossherz. Kunsthalle zu Karlsr. 612) im Arch. Anz. 1851, S. 29 die richtige Fährte trifft. Die Möglichkeit der Beziehung des Hahns auf den Phosphoros erhellt aus Stellen wie Ovid. Met. XI, 597 fg., sowie aus dem Umstande, dass jener Attribut des Helios ist. Inzwischen hege ich an jener Deutung Bedenken. Will man nun statt dessen lieber einen Atys als Knaben anerkennen? Der Hahn als heiliges Thier des Kybeledienstes ist allerdings bekannt. Oder will man an Ganymedes denken, der auf Vasenbildern mit einem Hahn erscheint? Wer erinnerte sich zudem aber nicht des auf einem Hahne reitenden Flügelknaben bei Panofka Terracott. d. K. Mus. zu Berlin Taf. XXXI, nr. 2? Hier ist an einem Eros nicht zu zweifeln. Ist auf den vorher besprochenen Bildwerken das Kind mit der „Phrygischen Mütze" als Amor zu fassen, so könnte man auch hier geneigt sein an diesen zu denken, wenn man nicht wegen des Aermelchitons Anstand an dieser Beziehung nimmt. Die Phrygische Mütze des Amor könnten wir freilich nur als von der Kypris auf ihn übertragen ansehen. Indessen ist auch für die oben erwähnte Karlsruher Terracotta die Beziehung auf Adonis keineswegs durchaus unzulässig. Der Hahn erscheint in alten Bildwerken häufig in Verbindung mit Knaben, ohne irgendwelche symbolische Beziehung, als Spielzeug derselben. In dem Saale der K. Ermitage zu St. Petersburg, welcher die Alterthümer aus der Krimm enthält, sind mehrere einschlägige Terracotten zu sehen, darunter auch zwei petits garçons, à cheval sur des coqs, vgl. den Französ. geschriebenen Führer vom J. 1844, p. 44, deren einer in den Antiq. du Bosph. Cimm. pl. LXXIII, n. 9 abgebildet ist. So konnte auch der als Knäbchen gefasste Adonis mit einem Hahne dargestellt werden, und das um so eher, wenn, wie sehr wahrscheinlich ist, auf die Weise ihn aufzufassen Manches von seinen Begleitern, den Eroten, überging. Wir schweigen von Adonis' Beziehung auf den Morgenstern oder die Morgensonne. Für die Möglichkeit der Deutung der Figur des Wandgemäldes auf Adonis lässt sich, wie die Sachen jetzt stehen, gewiss nicht ohne Wahrscheinlichkeit bemerken, dass Adonis auf bekannten Etrusk. Spiegeln (Gerhard Etr. Sp. I, 116 u. 117 = Ueber den Gott Eros IV, 5 u. 6) als Flügelknabe erscheint und dass er somit auch wohl auf einem Gemälde Griechisch - Römischer Kunstübung in derselben Weise dargestellt sein könnte. Freilich will Raoul-Rochette Choix de Peint. de Pomp. p. 125 auf dem an zweiter Stelle erwähnten Spiegel nicht Adonis, sondern Amor erkannt wissen, hauptsächlich auch aus dem Grunde, weil es sich um ein geflügeltes Kind handele: Cette représentation d'Adonis enfant, sagt er in Anm. 7, ne pourrait s'expliquer que dans la circonstance du mythe où Vénus, ayant recueilli Adonis, à peine sorti des flancs de l'arbre dans lequel avait été métamorphosée sa mère, le place dans un coffre, pour le cacher à tous les dieux, Panyas. apud Apollodor. III, 14, 4. Aber warum denn? Steht etwa irgendwo geschrieben, dass Persephone das ihr im Koffer übergebene Kind erst wieder herausgab, da es zum Knaben oder Jüngling erwachsen war? Da aus der angeführten Stelle erhellt, dass Aphrodite den Adonis gleich von seiner Geburt an lieb hatte, konnte dieser selbst in Verbindung mit jener ebensowohl als Kind wie als Knabe und Jüngling gefasst werden. Auf dem Wandgemälde von Stabiae erscheint er nicht einmal als Liebling der Venus. Im Orphischen Hymnus auf den Adonis LVI (55), 3 wird dieser ausdrücklich als πολύμορφος bezeichnet. In die Kategorie eines Knabenjünglings, der nicht viel erwachsener ist als der

Trennung steht unmittelbar bevor. Venus kos't den Geliebten, ermahnt ihn vielleicht sich bei dem Fortsetzen des Jagens nicht in Gefahr zu begeben, ganz wie bei Ovid.

Bei genauerer Betrachtung der Darstellung erhellt dann auch, dass nicht sowohl ein Scheiden des Adonis von der Venus als eine gegenseitige Trennung beider Liebenden von einander und ein Scheiden von der Stätte, an welcher sie bis dahin vereinigt waren, angedeutet ist. Hätte der Künstler ausdrücken wollen, dass Venus am Platze bleiben und Adonis diesen verlassen werde, so hätte er jene sitzend darstellen müssen, wie auf den bekannten betreffenden Sarkophagre-

unzweifelhafte geflügelte Adonis des an erster Stelle erwähnten Spiegels gehört die eigenthümliche aus der Zeit der späteren Röm. Kaiser stammende geflügelte Bronzefigur in vollständiger Asiatischer Tracht, welche Caylus Rec. d'Antiq. T. IV, pl. 65 unter nr. III u. IV abbildlich mitgetheilt und p. 203 fg. auffallenderweise als Victoria gefasst hat. Es liegt auf der Hand, dass es sich um einen Tanzenden handelt, und zwar wird man lebhaft an jenes palliolatim saltare (Fronto de or. I. Mai) erinnert, nur dass das pallium durch die auffallend langen Seitenlaschen der Asiatischen Mütze, welche etwa bis zu den Knieen der Figur herabreichen würden, vertreten wird. Ein tanzender Adonis würde sehr wohl passen. Wir erinnern nicht sowohl an Arnob. adv. gent. VII, 33, als an jene im Epitaph. M. Lucceji (Gruter Inscr. lat. p. MC, 21, 7, Wernsdorf Poët. lat. min. III, 210, H. Meyer Anthol. lat. n. 1167, 31 fg.) erwähnten Adonei lusus, an denen sich die turba Amorum betheiligte, woraus auch die Haltung des Flügelknaben auf dem Wandgemälde von Stabiae und etwa auch die der an erster Stelle aufgeführten Wiener Bronze erklärt werden kann. Wir müssen indessen hiebei bemerken, dass das Tanzen nicht weniger zu einem Amor passen würde, und dass, wenn die vollständige Asiatische Tracht für einen solchen wahrscheinlich gemacht werden könnte, selbst der Umstand, dass die Caylus'sche Bronze kein Kind darstellt, nicht von der Anerkennung eines Amor abhalten dürfte, welche Deutung dann auch für die Karlsruher Terracotta ganz unverwerflich wäre. Nun hat allerdings Heydemann einen in vollständiger Asiat. Tracht dargestellten geflügelten Knabenjüngling auf einem Marmorrelief des Stockholmer Nationalmuseums als Amor gefasst, aber ohne auch nur im mindesten zu überzeugen, vgl. meinen Aufsatz über dieses Mus. im Philol. XXVII, S. 238 fg. — Endlich ist hier in Betracht zu ziehen die Darstellung auf dem Boden einer Kylix, von der Welcker eine Durchzeichnung in Rom bei E. Braun 1842 sah. Welcker betrachtet im Texte zu Ternite's Wandgem. aus Pomp. u. Hercul. II. X, Taf. XXX den Gegenstand derselben als „Paris, der Helena auf dem Schoosse sitzend, und Amor, der sie nach seinem Kuss hindrängt", indem er in Anm. 5 hinzufügt „Paris durch die Mütze bezeichnet." Die betreffende Deutung bezweifelt Overbeck Galler. her. Bildw. S. 271. A. 28, indem er vermuthet, dass vielmehr Aphrodite und Anchises oder Adonis dargestellt seien. Dabei irrt er freilich sehr, indem er gerade das Umgekehrte von dem was Welcker angiebt, aussagt, nämlich, dass Eros den Paris zu dem Kusse der Helena hindränge. Inzwischen wird ihm ein Jeder zugeben, dass das Bild, so gefasst wie es Welcker thut, in der Reihe der bezüglichen Darstellungen von Paris und Helena durchaus fremd anmuthe. Handelt es sich aber um Paris nicht, so würden wir wenigstens nicht die Wahl zwischen Anchises und Adonis freistellen, sondern ganz entschieden an den letzteren denken.

liefs durchgängig geschehen ist ²⁶). Auch hierin stimmt unser Bildwerk ganz mit Ovid überein.

Nur in Betreff *eines* Punktes kann es scheinen, als sei der
Künstler von dem Dichter abgewichen. Bei Ovid geht die Handlung im Walde vor sich, die Liebenden sitzen, ehe sie von einander
scheiden, unter einem Baume; das in Rede stehende Elfenbeinrelief
macht dagegen zunächst den Eindruck als ständen Venus und Adonis im Eingange einer Baulichkeit. Hätte der Künstler wirklich die
Sache so gefasst wissen wollen, so könnte es scheinen, als nähere
er sich in dieser Beziehung der in den Sarkophagreliefs zu Tage
tretenden Auffassung, nach welcher der Platz, wo der zu seiner letzten Jagd ausziehende Adonis sich von der Venus trennt, das Heilig-
thum dieser Göttin ist. Das wäre aber immerhin seltsam, da den
Compositionen auf den Sarkophagen eine ganz andere Version der
Sage zu Grunde liegt. Dass inzwischen die architektonische Umgebung der Figuren nicht heische, diese als innerhalb eines Gebäudes
befindlich zu denken, bedarf keiner genaueren Darlegung ²⁷). Jene

²⁶) Diese sind seit Welcker's Zusammenstellung nach Zoega's Aufzeichnung in den
Ann. d. Inst. arch. V, p. 155 mehrfach vollständiger aufgezählt und mehr oder weniger
ausführlich besprochen von Engel Kypros II. S. 628 fg., O. Jahn Arch. Beitr. S. 45 fg.,
besonders von Raoul-Rochette Choix de peint. de Pomp. p. 127 fg., weiter von E. Petersen Ann. d. I. V. XXXIV, p. 161 fg. und von H. Hirzel ebendas. XXXVI, p. 68 fg.
(denen R. Rochette's Arbeit unbekannt geblieben zu sein scheint). Die drei im Lateranens. Mus. aufbewahrten sind zuletzt genau besprochen in dem Werke von Benndorf
und Schöne über die ant. Bildw. dieses Mus., in welchem auch das eine bis dahin noch
nicht herausgegebene abbildlich mitgetheilt ist, vgl. n. 50, 387, 446 u. Taf. XXII.

²⁷) Wir erinnern, um nur einige Fälle ins Gedächtniss zurückzurufen, an Seroux
d'Agincourt Hist. de l'art T. IV, Archit., pl. II, n. 1 u. 6, Sculpt. VI, 5, Gori Inscr.
Etr. in urb. T. III, t. 8 u. 10, Pistolesi Vat. descr. ed illustr. T. IV, t. 113, Lasinio
Campo santo di Pisa, t. CI, XXV, Raoul-Rochette Mon. inéd. pl. VII, n. 2. — An die
Stelle architektonischer Arkaden treten später aus Bäumen gebildete Bögen, z. B. an
dem Sarkophage bei Bouillon Mus. d. Ant. T, III, Bas-rel. chrét., pl. 32 = Clarac
Mus. de sc. pl. 226, n. 357, welchen dieser T. II, P. 2, p. 795 ins vierte Jahrhundert
setzt, und an den ebenfalls christl. Sarkoph. bei Millin Midi de France pl. LVIII, n. 4
u. LXV, 5. Eine Art von Uebergang an dem Musensarkoph. in Marbl. in the Brit. Mus.
X, 44 u. Millin's Gal. m. XX, 64. Oder es werden Gruppen oder einzelne Figuren zwischen je zwei Bäumen oder Baumstämmen angebracht, ohne dass durch diese irgendwie
waldiges Local, eine Landschaft u. dgl. angedeutet werden soll. Hieher gehört gewiss
auch das von Benndorf u. Schöne a. a. O. Taf. II, n. 2, herausgegebene, unter n. 270
beschriebene u. dann von E. Curtius in Gerhards Denkm. u. Forsch., 1867, S. 82 fg. besprochene Relief d. Lateran. Mus. Besonders interessant ist die Darstellung auf der Quer-
seite des Vatican. Sarkophags bei Gerhard A. Bildw. T LXXIV. n. 3, wo „Mann und
Frau sich die Hand zum Abschied geben", stehend „im Vordergrund eines aufgehäng-

steht wesentlich dem Rahmen um ein Bild gleich, ist also an sich
ohne alle Beziehung auf den Platz der Handlung. Fordert nun der
Vorhang jene Auffassungsweise? Dass die auf Taf. I. dargestellte
Scene als innerhalb der Behausung der Phädra und des Hippolytus
vor sich gehend zu denken sei, hat wenigstens eben so viel, ja mehr
Wahrscheinlichkeit, als dass sie ins Freie verlegt sein solle. Wie
kommt es also, dass auf Taf. II. ein Vorhang zu sehen ist, auf
Taf. I. aber nicht? Man kann sagen, es rühre daher, dass die
beiden Darstellungen Copien nach Werken verschiedener Künstler
seien und auf dem einen Originale ein Vorhang zu sehen war,
auf dem anderen aber nicht. In diesem Falle hätte man — mag
nun die Copie von einem und demselben Künstler herrühren oder
von zweien — etwa anzunehmen, dass der Verfertiger beider Tafeln
oder der Verfertiger von Taf. II. an dem Nichtvorhandensein eines
Vorhangs auf Taf. I., obgleich die Handlung doch auch im Innern
einer Baulichkeit vor sich geht, gar keinen Anstoss nahm. Aber
liesse sich, wenn die Architektur hinsichtlich des Ortes, an welchem
man sich die Figuren zu denken hat, ganz irrelevant ist, nicht auch
annehmen, dass das so bleibe, es mögen Vorhänge hinzugefügt sein
oder nicht, dass also der Künstler von Taf. II., wenn er den Vorhang
nicht von seinem Originale entlehnte, denselben aus keinem andern
Grunde anbrachte, als etwa der Abwechselung wegen? Man wird
kaum anders urtheilen können, wenn man in der Architektur die Andeutung eines Eingangs in ein Gebäude oder eines Durchgangs in
einer Halle, und selbst wenn man die Fronte einer Nische erkennt.
Sind doch Vorhänge wie der in Rede stehende als Zubehör aller
thürähnlichen Oeffnungen bekannt. Wenn aber diese wie im vorliegenden Falle als solche ganz bedeutungslos sind, so wird man auch

ten Vorhangs, der zwischen zwei fast kahlen Bäumen befestigt ist; vermuthlich nicht
ohne Beziehung auf ländliche Grabesstille." So der Herausgeber im Text S. 313. Wir
dagegen zweifeln durchaus nicht, dass durch die Bäume die Localität zu keiner andern
gemacht werden soll, als diejenige ist, welche man auf den nicht seltenen gleichen
oder ähnlichen Sarkophagdarstellungen anzunehmen hat, in denen bei der dextrarum jun-
ctio die Verlobten vor einem Vorhang stehen, der sich innerhalb eines Bogens oder
anders gebildeten Durchgangs befindet oder auch der architektonischen Einfassung ganz
entbehrt. Gegen Gerhard's Beziehung der Darstellung auf einen Abschied von Gatten
sprach schon Rossbach Untersuch über die röm. Ehe S. 383. Auf dem Mosaik von S.
Giovanni in Fonte bei Ciampini Vet. mon. t. LXX u Qu. Altehr Bauw. v. Ravenna
I, 3 erblickt man die einzelnen Apostel zwischen je zwei Stauden unter Parapetasmen
stehend.

den zu ihnen gehörenden Vorhängen, welche man nach Belieben andeu-
ten konnte oder nicht, keine besondere Bedeutung beizulegen haben [28]).
So viel über das Dargestellte. Suchen wir jetzt die Veranlassung und Beziehung, sowie die Zeit der Verfertigung unseres Diptychons zu ermitteln!

Dieses gehört zu denjenigen, welche nur mit mythischen Darstellungen versehen sind. Die Zahl der auf uns gekommenen Diptycha dieser Art ist bekanntlich nur sehr gering [29]). Darf man dieselben als eine besondere Classe den consularischen, d..i. von den
Consuln und andern höheren Magistraten, seit Theodosius d. G. nur
von den consules ordinarii an den Kaiser, den Senat u. A. ver-
schenkten [30]), und ekklesiastischen gegenüberstellen, wie Pulszky thut,
indem er annimmt, dass sie als Weihgeschenke an Gottheiten, die in
den Tempeln niedergelegt worden, zu betrachten seien? Es ist allerdings nicht zu bezweifeln, dass unter den zahlreichen Weihgeschen-
ken, die man in Tempel stiftete, auch Diptycha vorkamen. Giebt
es doch dafür sogar ein ausdrückliches Zeugniss [31]). Auch unter

---

[28]) Man vergleiche ausser den in Anm. 27 g. E. erwähnten beiden Bildwerken das
Silberrund im Cab. des Antiq. zu Paris bei Millin Mon. inéd. I, 10 (Gal. myth. CXXXVI,
467). wo der Haupteingang zu Achilles' Behausung weder Thürflügel noch Vorhänge
zeigt, die beiden Seitenzugänge aber mit letzteren versehen sind, und besonders auch
die beiden Silberkästchen des in Rom im J. 1793 gemachten, früher mit Unrecht ver-
dächtigten Fundes (F. Piper Mytholog. u. Symbol. d. christl. Kunst Bd I, Abtblg. 1,
S. 20 u. 188 fg.), welche zunächst in den Besitz des Barons v. Schellersheim und jetzt
aus dem des Herzogs von Blacas in das Brit. Museum gekommen sind, bei Agincourt
Hist. de l'art T. IV, Sculpt., pl. IX, n. 1 u. 9, oder bei Böttiger Sabina Taf. III, 1
u. IV, 1, von denen der eine Figuren in architektonischen Rahmen mit Vorhängen.
der andere Figuren in solchen ohne Vorhänge zeigt, ohne dass man irgendwelchen
Grund hätte zu denken, jene seien zum Unterschiede von diesen als im Innern einer
Baulichkeit verweilend gemeint.

[29]) Pulszky (Fejérv. ivor. p. 25 fg.) hat nur sieben derselben zu verzeichnen, indem er das jetzt zu Wien befindliche mit der Roma und der Constantinopolis (Gori
Thes. vet. d. T. II, t. III u. IX) als mythologisches veranschlägt, was nimmermehr zulässig ist. Sacken und Kenner (Beschr. d. Samml. d. k. k. Münz- u. Ant.-Cab. zu Wien,
S. 452 fg.) halten für wahrscheinlich, dass es zu einem Geschenk der Consuln am Jah-
restage der Städte bestimmt gewesen sei. Dieselben Stücke und dazu noch vier andere
werden von Westwood a. a. O. p. 155 fg. aufgeführt. Bezüglich der vier andern ist es
uns unmöglich zu entscheiden, ob sie alle wirklich in die Kategorie der Diptycha, und,
wenn das, ob zwei von ihnen in die der sogen. mythologischen gehören.

[30]) Die wichtigsten Belegstellen in Becker's Gallus, dr. Ausg. von Rein, Th. II,
S. 396.

[31]) „Ein frommer Mann schenkt einem Tempel in Reggio di Calabria pugillares
membranaceos operculis eboreis, daneben ein Schmuckkästchen u. neunzehn Gemälde.

den uns erhaltenen Werken können immerhin einige sein, die jene
Bestimmung hatten; aber es ist durchaus irrig, dass Namensinschriften von Geschenkgebern vorhanden seien, welche auch nur mit einiger Sicherheit auf ein Tempelgeschenk deuteten [3²]. Dazu kommt,
dass die meisten der betreffenden Darstellungen für ein Diptychon,
das für den Privatgebrauch bestimmt war, besser oder wenigstens
eben so gut passen, als für ein irgend einer Gottheit zu weihendes,
und — was besonders zu beachten ist — dass mehrere Darstellungen
gerade dem Zwecke entsprechen, zu dem die Diptycha zunächst und
eigentlich dienten [³³]. Schon Gori nahm zwei Classen der dem heid-

---

Inscr. Neap. n. 5 (Orell. Inscrr. 3838). Die Inschrift ist aus guter Zeit, wahrscheinlich
älter als der constante Gebrauch der Diptycha" (Th. Mommsen bei S. Vögelin, Mittheil. der antiquar. Gesellsch. in Zürich, Bd XI, H. 4, S. 60, Anm. 4).

32) Mit welcher Zuverlässigkeit kann man z. B. behaupten, dass die Inschriften
NICOMACHORUM SYMMACHORUM auf dem Dipt. von Moutiers bei Martenne et Durand
Voy. litér. do deux relig. bénédictins P. I, p. 98 = Gori Thes. I, t. VI, sich auf die
Schenkgeber an einen Tempel beziehen, ganz abgesehen davon, dass die Inschrift
(LA)MPADIORUM auf der einzigen erhaltenen Tafel eines Dipt. zu Brescia (Gori II,
t. XVI, D'Agincourt Hist. de l'art T. IV, Sculpt., pl. X, fig. 10, s. unten Anm. 45)
auf keinen solchen geht. Nach Gori Thes. 1, p. 203 gehört das Dipt. Moleretense,
familiis Nicomachorum et Symmachorum, virorum consularium, dedicatum, in die
Kategorie der hochzeitlichen: feminae duae sacra faciunt, ni fallor, Gamelia, ut
nuptiae bonis ominibus auspicatissimae, peractis sacris, evaderent: easque (tabulas)
remotiore aevo, quo sculptae sunt, probabile est sponsis dono datas fuisse. Freilich
giebt er diese Meinung bald wieder auf, p. 204: credibile est vel Symmachis et Nicomachis dono datas fuisse has eburneas tabulas, vel, quod magis probabile videtur, eos
dono dedisse, quum aliquod sacrum in honorem Bacchi celebrandum jussissent, und
p. 205, wiederum seine Meinung ändernd: sculptura horum pugillarium longe antiquior
est iisdem consularibus viris Symmachis, et Nicomachis, qui iisdem usi sunt, vel ut
ipsi donarent, vel ut aliquis scriptas eorum in membranis laudes iisdem dedicaret. Noch
Borghesi Ann. d. Inst. arch. XXI, p. 361 bezog das in Rede stehende Dipt. auf eine
der beiden von Symmachus Epist. erwähnten Verheirathungen von Gliedern jener Fa-
milien miteinander. Von sponsalia, Verlobungsgeschenken, hören wir durch den Cod.
Justinian. V, 3, 3 u. 71, 8. An ein solches dachte gewiss auch Borghesi, nicht aber an
tabulae nuptiales oder sponsales (Marquardt Röm. Privatalterth. 1, S. 40 u. 46), die wir,
nebenbei bemerkt, auch auf den einschlägigen bekannten Reliefs nie in der Form von
Diptycha finden; ob mit Recht, muss dahingestellt bleiben, jedenfalls aber mit nicht
minderem Schein als Pulszky an ein Tempelgeschenk.

33) Vgl. namentlich die Diptychen mit Musen und Literaten, das früher Durand'-
sche, jetzt im Louvre zu Paris befindliche, am ausführlichsten beschrieben von J. de
Witte Descr. des Antiq. — Durand. Paris 1836, p. 453, und das Dipt. von Monza bei
Gori II, pl. VIII, und genauer bei Didron Ann. archéol. T. XXI, zu p. 222. Zu de-
nen, welche Schriften u. Notizenbücher besonders nöthig hatten, gehörten namentlich
auch die Aerzte, wie denn Aesculapius zuweilen mit einer Rolle dargestellt wird.
Es liegt wohl auf der Hand, dass das berühmte, jetzt in Liverpool befindliche Dipt.
(Gori T. IV, t. XX u. XXI, Wieseler Denkm. d. a. Kunst II, 61, 792, a n. b. Pulszky

nischen Alterthum angehörenden Diptycha an, indem er den consularia die honoraria, quae inter xenia numerabantur, gegenüberstellt (Thes. T. II, p. 243): und diese Eintheilung hat jedenfalls nicht weniger für sich als jene Pulszky'sche, obgleich sie genau betrachtet, weder logisch richtig ist, noch alle Arten der Diptychen von Elfenbein oder, in Ermangelung dieses, von Kameelbein [34]) umfasst. Wir wollen nur nebenbei bemerken, dass ausser den oben erwähnten sogenannten consularischen Diptycha für die Kaiserzeit noch andere von einer hohen Staatsbehörde ausgehende libri elephantini erwähnt werden, die sicherlich ebenso wie jene mit bildlichen Darstellungen verziert waren [35]). Dass auch noch zu der Zeit, da der Gebrauch der consularischen Diptycha gäng und gebe war, Private sich zu eige nem Gebrauche oder zum Verschenken auch elfenbeinerne Diptycha machen liessen, wird wohl nicht in Abrede gestellt werden können [36]).

Fejérv. ivor., Frontisp.), ebenso wie das entsprechende in einer Schweizerischen Privatsammlung befindliche, das wir nur aus Westwood's Erwähnung u. a. O. p. 155, ur. 46 kennen, mit viel grösserer Wahrscheinlichkeit für Besitzthümer eines Arztes, etwa Geschenke für geleistete Dienste, als für Gaben an Tempel der Heilgottheiten betrachtet werden. Finden wir doch auch Deckel von Medicinbüchsen mit Bildern der Heilgottheiten geschmückt (Jahrb. des Ver. von Alterthumsfr. im Rheinl. XIV. T. II. = Guhl u. Koner Leben d. Gr. u. Röm. Fig. 482 (S. 649 d. zw. Aufl.).

34) Aus diesem Material sind unter den consularischen Diptycha der Fejérvárischen. jetzt Mayer'schen Sammlung drei, zwei halbe und ein ganzes, weshalb Aug. Francke an der Echtheit zweifelte, die jedoch von Pulszky mit Berufung auf Daniel Boehm in Schutz genommen wird, vgl. denselben a. a. O. p. 43 fg. n. 32, 33, 34, 35. u. Westwood a. a. O. p. 149, n. 25*. p. 151, n. 30*, p. 153. n. 37. Die Tafel, welche Pulszky auf den Consul Magnus zurückführte, nr. 32 = Westwood n. 25*. ist auch beschrieben von E. Braun Bull. d. Inst. arch. 1851, p. 82, wo aber irrthümlich die Inschrift pio praesule Baldrico jubente als dem sechsten Jahrhundert angehörend betrachtet wird.

35) Nach Fl. Vopiscus Tacit. 8 die senatusconsulta quae ad principes pertinebant in libris olephantinis scribebantur. — Nach Libanius Epist. 941 ad Tatian., Isidor. Pelus, lib. II, ep. 5, Themist. Or. XVIII, p. 273, 18 fg. Dindorf. empfingen die Consuln und andere hohe Magistrate in Constantinopel ihre Ernennung vermittelst δίφρα γραμμάτεῖα ἐλέφαντος, δέλτοι ἐξ ἐλέφαντος, im Senate auf dem Forum, wo dieselben aufbewahrt wurden, bis auf Constantin (Codin. Excerpt. ex antiq. Constant. p. 40, 17 fg. Bekker). Vgl. auch Vales. ad Ammian. XXVIII, 1. p. 510. In späterer Zeit erhielt der Consul διὰ βασιλικῆς χειρὸς einen χάρτης ἐγγεγραμμένος, während das βραβεῖον der τῶν περιβλέπτων πατρικίων ἀξία πλάκες ἐλεφάντιναι κεκοσμημέναι σὺν καθικέλλοις ἐπιγεγραμμένοις εἰς τύπον τοῦ νόμου ἐκ βασιλικῆς χειρὸς waren, nach Constantin. Porphyrog. de cerim. aulae Byzant. p. 709, 6 u. 710, 6 fg. ed. Bonn.

36) Selbst nicht für die Zeit nach dem Edicte der Kaiser Valentinian. Theodosius, Arcadius, Cod. Theodos. I. XV. tit. 9 de expensis ludorum: Illud etiam constitutione solidamus, ut exceptis consulibus ordinariis nulli prorsus alteri auream sportulam,

Machen wir, hiervon ausgehend, wenigstens den Versuch, die Gelegenheit oder die Person zu ermitteln, für welche unser Diptychon
gearbeitet wurde! Zunächst könnte man, da auf jeder Tafel desselben
eine Liebesscene sich dargestellt findet, bei welcher das höherstehende
und ältere Weib als die Antragstellerin oder diejenige, welche das
Liebeszeichen giebt, erscheint, etwa auf den Gedanken kommen, dass
man ein erotisches Diptychon anzuerkennen habe, das von einer vor-
nehmen Römischen Dame für einen jüngern Mann bestimmt gewesen
sei [37]). Aber wäre es — um Anderes zu geschweigen — wohl passend gewesen, dafür Darstellungen aus Sagen zu wählen, nach welchen die geliebten Jünglinge eines frühen Todes starben und der
eine von ihnen grade in Folge des von ihm mit Abscheu zurückge-
wiesenen Liebesantrages? Auch gegen die Annahme, das Diptychon
sei zu einem Hochzeitsgeschenk bestimmt gewesen, lassen sich ausser

diptycha ex ebore, dandi facultas sit; denn dieses bezieht sich offenbar nur auf die
öffentlichen Austheilungen und auf die übrigen Magistrate, welche sich dergleichen bis
dahin erlaubt hatten. im Gegensatze gegen die cons. ordinarii. — Da wir oben —
und gewiss mit Fug und Recht — vorausgesetzt haben, dass auch Diptycha von Pri-
vaten an Private dann und wann als Geschenke gegeben seien, halten wir es für gerathen, ausdrücklich zu bemerken, dass wir Leich's (De dipt. vet. et de dipt. emin. Quirini,
Lips. CIƆIƆCCXLIII, p. II) und Vögelin's (a. a. O. S. 80) Meinung, aus Senec. epist. 87
(XIII, 2, 3) folge, dass Diptycha als Neujahrsgeschenke schon zu Seneca's Zeit ge-
bräuchlich gewesen seien, für durchaus irrig halten. Eine andere Stelle aber, aus
welcher hervorginge, dass parmi les présents, qu'on s'offrait réciproquement au renou-
vellement de l'année les tablettes ou pugillaires jouaient un grand rôle (Ch. Lenormant
Trésor de_numisn. et de glypt. Cl. II, Ser. 10, P. 1, p. 11), kennen wir nicht.

37) Liebesbriefe (δέλτοι, γραμματεῖα, Luc. Toxaris 13) von Frauen an Männer
sind schon aus Griechischem Brauche bekannt. Man findet sie auch als Diptycha, wie
auf unserem Diptychon so mehrfach auf den Darstellungen, die sich auf Hippolytus
beziehen. Besonders interessant ist die Ueberreichung solcher Brieftäfelchen von Amor
als Abgesandten der Galatea an den Polyphem auf dem Hercul. Wandgemälde Pitt.
d'Ercol. I, 40, Mus. Borb. 1, 2, Millin Gal. myth. CLXII, 632, ausserdem aber das
δίπτυχον τῶν ἐρωτικῶν in der Hand der Briefstellerin Mus. Borb. VI, 35. In der Regel
mögen die betreffenden Diptycha besonders prachtvoll gewesen sein. Antonius schickte
der Kleopatra δελτάρια τῶν ἐρωτικῶν ὀνύχινα καὶ κρυστάλλινα (Plutarch. Anton. 58). —
Ich sehe hinterdrein, dass schon die Französ. Akademie zur Zeit von de Boze u. noch
Sala a. a. O. p. 27 unser Dipt. als erotisches betrachtete. Gegen jene erklärte sich
bereits Leich a. a. O. p. XLIII fg., aber aus keinem anderen Grunde, als weil es un-
wahrscheinlich sei, veteres inscriptos tantae magnitudinis pugillaribus amores puellis
misisse. Allerdings pflegten die betreffenden tabulae klein und zierlich zu sein: Ovid.
de art. am. III, 621 fg., Martial. XIV, ep. 9, schol. Juvenal. IX, 36. Dazu passen
die Darstellungen auf den Monumenten, auch die auf uns. Taf. I. Dass die Tafel in
der Hand des Stilpo in Bronzi d'Ercol. II, 92 u. Böttiger's Sabina Taf. IX eine Liebes-
botschaft enthalte (Böttiger II, S. 252), ist nicht wahrscheinlich.

dem eben angedeuteten noch andere nicht minder gewichtige Bedenken aufstellen, für sie auch nicht *ein* überzeugender Grund [38]). Hippolytus und Phädra, Adonis und Venus wurden nicht selten auf der Bühne dargestellt. Scenen aus den Sagen von ihnen können also immerhin als passender bildlicher Schmuck der Diptycha von Bühnenkünstlern betrachtet werden, und diese werden zum Ueberflusse selbst als aus Elfenbein bestehend ausdrücklich bezeugt [39]). Aber wer wird, auch ganz abgesehen von dem Umstande, dass die Figuren nicht in scenischem Costüme sind, diese Beziehung für sicher halten, wenn sich noch andere, nicht minder mögliche ausfindig machen lassen? — Die betreffenden Sagen finden sich wiederholt auf Römischen Sarkophagen berücksichtigt. Dieses geschah ohne Zweifel wesentlich auch deshalb, weil sie eine Andeutung auf Wiederauferstehen, ja auf eine höhere Geltung nach dem Tode enthalten. Da es nun so gut wie sicher steht, dass auch Diptycha zu den Gegenständen gehörten, welche Todten ins Grab gegeben wurden [40]), so bleibt es unbenommen, unserm Diptychon eine solche Bestimmung zuzuschreiben. Daneben wäre etwa auch die Möglichkeit vorhanden, dass das Diptychon Besitzthum eines durch den frühen Tod des Geliebten [41]) betrübten Weibes gewesen sei, welches diesem als werthes und zugleich trostbringendes Andenken an den Dahingeschiedenen dienen konnte. Doch genug von den Möglichkeiten! Die Sagen von Hippolytus und Adonis gaben nicht bloss den Stoff für Darstellungen an den Behausungen der Todten, sondern auch für die an den Wohnungen und Geräthen

---

[38]) Die betreffende Ansicht ist schon von Muratori geäussert, der für sie keinen andern Grund hatte, als den, dass die bildlichen Darstellungen sich offenbar auf Liebesaffairen beziehen. s. Em. Quirini ep. ad Cl. de Boze p. 14, und nachher auch von Gori Thes. I, p. 208. Nach Baldini (s. Quirini u. a. O. p. 16) soll gar das eine Täfelchen die Hochzeit des Honorius mit der Maria, das andere die Hochzeit desselben mit der Thermantia angeben!

[39]) Vgl. Philostr. Ner. 9, p. 338, 33 fg. Kays., eine Stelle, die auch bezüglich der Grösse und Solidität der Dipt. interessant ist: ἐξέμπτει Νέρων ἐπ᾽ ὀκριβάντων τοὺς ἑαυτοῦ ὑποκριτὰς οἷον προσήκοντάς τι τῷ πράγματι, καὶ γὰρ δὴ καὶ δέλτους ἐλεφαντίνους καὶ διθύρους (ἔχοντες καὶ Kays.) προβιβλημένοι αὐτὰς ὥσπερ ἐγχειρίδια καὶ τὸν Ἱππολύτην ἀναστήσαντες πρὸς τὸν ἀγχοῦ κίονα κατέαξαν αὐτοῦ τὴν φάρυγγα παίοντες ὀρθαῖς ταῖς δέλτοις. In Betreff der Kostbarkeit der Diptycha hat man übrigens nicht zu vergessen, dass es sich um bevorzugte kaiserliche Schauspieler handelt.

[40]) S. H. Brunn Ann. d. Inst. arch. Vol. XXI, p. 358 zu Mon. ined. V. V. t VI.

[41]) Vgl. das von E. Petersen über Darstellungen von Venus und Adonis in den Ann. d'Inst. V. XXXIV, p. 164 Bemerkte.

der Lebenden her, wie nicht bloss die Ruinen der verschütteten
Städte am Vesuv zeigen, passten somit auch für die Geräthe der Lebenden zu Zierathen ohne alle besondere Beziehung. Die ursprüng-
liche Bestimmung des in Rede stehenden Diptychons sicher zu ermitteln ist unmöglich.

Auch über die Zeit, in welcher unser Diptychon gearbeitet sein
möge, ist es nicht leicht ein sicheres Urtheil abzugeben. Während
neuerlich Pulszky's Ansicht, dass es dem dritten Jahrhunderte unserer Aera zuzuweisen sei, wiederholt Beipflichtung gefunden hat [42]),
schrieb es Gori bei der ersten Besprechung der Zeit des Commodus
zu, Baldini aber der des Honorius [43]), glaubte ferner Passeri (Expos.
in sacr. mon. eburn. p. 48 fg.), dass es der Kunstübung in der Zeit
der Longobarden angehöre, indem er es in die Kategorie der ekklesiastischen Diptycha setzte, und hielt Sala dafür, dass die Tafel I als
ein Ueberbleibsel des ältesten uns bekannten Diptychons zu betrachten
sei, die andere dagegen erst unter oder nicht viel vor Papst Paul II
gearbeitet sein könne [44]). Auch in Betreff anderer unter den sogenannten mythologischen Diptycha und selbst einiger von den

---

42) Bei Westwood a. a. O. p. 155 und bei Labarte a. a. O. T. I. p. 191.

43) Gori (Em. Quirini epist. ad Cl. de Boze p. 8) meinte, es sei vielleicht ein von
Commodus bei Gelegenheit der Venationes verschenktes Diptychon. Ueber Baldini s.
oben Anm. 38. Gegen Beide erklärte sich Leich a. a. O. p. XLIII.

44) Vergl. Mon, ant. di Bresc. p. 29, wo Sala, dessen Urtheil um so beachtens-
werther ist, als er das Original vor Augen hatte, zunächst über Taf. I. bemerkt:
Questo dittico Querin. non del tutto conservato è il più antico de' dittici. Ciò si può
asserire con sicurezza, ma riesce malagevole decidere a quale età appartenga: pare
che dire si possa opera eseguita in tempo di decadimento nell' arte. Lo stile però
nelle figure è buono, bello il concetto, le forme gentili, se non che qualche menda
apparisce nell' attaccatura delle gambe del Paride (er meint den Hippolytus). In Betreff der ersten Worte steht zu bemerken, dass dem Verf. die wirklich datirbaren ältesten Diptychen schwerlich bekannt waren. Doch wird er von dem berühmten Dipt.
mit den Heilgöttern (Anm. 33) wenigstens nach Abbildungen Kunde gehabt haben, so
wie von dem von Moutiers (Anm. 32), welche jetzt meist ins 2te Jahrhundert n. Chr.
versetzt werden. Dann führt Sala fort: La seconda tavoletta —, benchè abbia l'apparenza di essere più antica, è opera nondimeno pertinente ad età meno rimota, e forse
a quella del prefato Pontefice, o di non molto anteriore. Lo stile è rozzo anzichè no,
e le forme ignobili. Wie wenig durch diese Gründe das zu Beweisende wirklich be-
wiesen wird, liegt wohl auf der Hand. Aus ganz anderen, aber nicht weniger unzu-
lässigen Gründen schloss Leich a. a. O. p. XLIIII, in Betreff des ganzen Diptychons,
has tabulas nihil cum veterum diptychis commune habere, sed ad eam potius aetatem,
qua renascentes artes Paulus II P. M. praesidio suo fovebat, referri debere. Dass die
beiden Tafeln zur Zeit, da Paul II noch Cardinal Pietro Barbo war, neue Zusätze er-
hielten, ist bekannt, s. oben Anm. 4.

sogen. consularischen findet sich ein ähnliches Schwanken in der Ansetzung der Verfertigungszeit ' ').

---

45) Für jene sei als Beispiel nur das Dipt. von Moaza mit der Muse und dem Literaten (Anm. 33) angeführt, in welchem Gori p. 240 fg. am liebsten den Boethius erkannt wissen wollte, wonach das Werk in die Zeit gegen das Ende des fünften Jahrhunderts fallen würde, während Bock in Bullet. de l'acad. roy. de Belgique T. XVI, P. 1, p. 686 einen Römischen Dichter späterer Zeit annimmt, das Werk aber à une epoque voisine ou contemporaire du règne de Constantin-le-Grand zuschreibt, mit Hinzufügung der Conjectur, dass le diptyque peut avoir contenu une liste (ἀναγραφή) des vainqueurs dans les jeux Capitolins, où était inscrit le nom du poëte, dont l'image est representée sur la couverture, et qui l'aura peut-être offerte à quelque ami en souvenir de sa victoire, Pulszky aber p. 27, n. 5, lieber an Homer oder Ennius denken möchte und das Diptychon dem fünften Jahrh. zuschreibt, Labarte T. l, p. 7 dasselbe in das vierte Jahrh. oder in den Anfang des fünften versetzt, endlich Didron T. XXI, p. 291 der Ansicht ist, es gehöre dem zweiten oder höchstens dem dritten Jahrhundert unserer Aera an.— Aus dem Kreise der sogen. consularischen Diptychen möge als Beispiel gelten das zu Brescia mit der Inschr. Lampadiorum (Anm. 32). Der erste, welcher die frühere Meinung, dass es sich auf jenen Lampadius beziéhe, der 530 nach Chr. Consul war, aus künstlerischen Gründen als sehr eigenthümlich bezeichnete, aber sie doch nicht aufzugeben wagte, ist Sala p. 25 fg., dessen Ansicht als Autopten besondere Beachtung verdient: A differenza del Bresciano è condotto ad alto rilievo, e con accuratezza tale da ismentire l'opinione prevalente presso i glittografi, essere i dittici opere di barbaro disegno. Le teste sono animate, scelte le pieghe, e i ricami tracciati leggermente senza recar pregiudizio al andamento di esse; spiritose le mosse de' cavalli. In somma se non fossimo accertati dell' epoca in cui fu esso lavorato si giudicherebbe fattura di tempi migliori, e non del VI secolo, in cui le arti erano in grande decadenza. Unabhängig von Sala urtheilte auch Pulszky p. 18, n. 2, trotzdem, dass er das Dipt. nur durch die früheren ungenügenden Abbildungen kannte: the style of carving is far superior to so a late period. Zu derselben Ansicht führte ihn die Betrachtung der Inschrift: the full and round letters do not in any way resemble the narrow and elongated form of the inscriptions of the sixth century on all the other Diptycha; and we cannot but wunder that the difference between this tablet and that of Orestes, the colleague of Lampadius, in artistic as well as palaeographic respect, did not strike the Hagenbuchs, Maffeis, and Goris, and suggest the idea of a Palimpsest. Er meint nun, dass wenn der Consul zur Linken bartlos sein sollte, das Werk wohl der Mitte des dritten Jahrhunderts angehören und dieser der jüngere Philippus, Sohn des Kaisers Philippus Arabs, sein könnte. Aber die betreffende Figur hat nach Westwood p. 17, der nach einem trefflichen Abguss urtheilen konnte, wie die beiden übrigen, einen kurzen Bart und ist, wie diese, von mittlerem Alter. Nach Westwood's Urtheil ist die Annahme, that the inscription may be a palimpsest, certainly untenable. Das Werk sei much inferior to the diptych of Philip (s. unt. Anm. 51, S. 39), wanting also the elegant ornamental border of that piece. Er betrachtet es als a memorial of the Emperor Theodosius, by whom the Egyptian obelisk placed by Constantine in the centre of the Hippodrome at Constantinople, and afterwards thrown down by an earthquake, was re-erected at the end of the fourth century, where it still remains (Zoega De orig. obelisc. Rome 1797; D'Agincourt Hist. de l'art IV, Sculpt., pl. X), indem er als besonders beachtenswerth hervorhebt: On the east side of the pedestal the Emperor is in the act of distributing rewards, and stands behind a lattice-work gallery, *the ornaments of wich exactly correspond with those of the lattice-work in this ivory*

Was das unsrige anbetrifft, so theilen wir Sala's Ansicht insofern, als wir auch dafür halten, dass beide Tafeln nicht von einer und derselben künstlerischen Ausführung sind. Dieser Umstand liegt nicht bloss für die Nebendinge, sondern auch für die Figuren genugsam zu Tage. Wollte man deshalb voraussetzen, dass die Tafeln zu verschiedenen Zeiten und von verschiedenen Künstlern gearbeitet seien, so würde man wohl als das Wahrscheinlichste anzunehmen haben, dass die ursprünglich als Pendant zu Taf. I, die man nach Massgabe des Stils der Figuren für die ältere zu halten keinen Anstand nehmen wird, ausgeführte Tafel verloren gegangen und dann durch unsere Taf. II ersetzt sei, natürlich noch innerhalb der Grenzen des Alterthums. Der verloren gegangenen Tafel liesse sich dann aber mit keinem grösserem Scheine eine andere mythische Darstellung zuschreiben als eben die, mit welcher unsere Taf. II versehen ist, wobei zugleich wohl anzunehmen wäre, dass der Künstler, welcher Taf. II arbeitete, von der Darstellung auf der zu ersetzenden Tafel eine Kunde hatte. War aber dem also, so ist es wiederum das Wahrscheinlichste, dass diese Kunde nicht bloss auf allgemeinem Hörensagen beruhte. Jedenfalls sind die Verschiedenheiten in den Nebendingen eben so leicht zu erklären, wenn man annimmt, dass beide Tafeln zu derselben Zeit von verschiedenen Händen oder nach Originalen, die von verschiedenen Künstlern herrührten, gearbeitet seien, als wenn man voraussetzt, dass die Verschiedenheit der Ausführung nur in der Verschiedenheit der Zeit, in welcher sie stattfand, ihren Grund habe. Man würde sich ja sehr irren, wenn man schlechtere Arbeiten einer Zeit sinkender Kunstübung als absolut spätere ansehen, wenn man Werke späteren Datums, die in der Ausführung verschieden sind, deshalb allein verschiedenen Zeiten zuweisen wollte, da dieser Umstand an sich nicht einmal genügt, sie verschiedenen Händen zuzuschreiben. Bei Copien kommt es, je weniger selbstständig tüchtig der ausführende Künstler ist, desto mehr auf das Original an, und mit Copien haben wir es doch hier ohne Zweifel zu thun [16]).

diptych. Auch Labarte p. 203 glaubt, dass man nicht über das vierte Jahrhundert hinaufgehen dürfe.

16) Wenigstens bei Taf. I. — Beispiele der Verschiedenheit in der Ausführung der Figuren an einem und demselben Werke späterer Zeit signalisirt betreffs des Constantinsbogens Guattani Mem. enciclop. per il 1817, p. 98; für Elfenbeinarbeiten Pulszky a. a. O. p. 16 u. 36, so wie Fr. Unger in dem Art. „Griech. Kunst" in der Allg. Encyclop. d. Wissensch. u. Künste, Sect. I, Bd. LXXXIV, S. 389.

3

Pulszky's Datirung unseres Diptychons beruht auf dem Umstand, dass der Stil der spiralförmig canclierten Säulen ihn an das dritte Jahrhundert erinnerte und dass er das Dargestellte, wie er es eben fasste, gerade für den Ideenkreis dieses Jahrhunderts besonders passend erachtete. Labarte fügt diesem Urtheile noch ein neues Moment hinzu: „le style des figures et les dispositions architecturales qui les encadrent doivent faire reporter ces sculptures au troisième siècle." Das Indicium, welches Pulszky von dem Dargestellten hernimmt, fällt mit der Unhaltbarkeit seiner Auffassung desselben von selbst. Labarte's Berufung auf den Stil der Figuren ist um so misslicher, als dieser auf beiden Tafeln ungleich ist. Was aber den Umstand betrifft, welchen beide Gelehrte gemeinsam veranschlagen, so ist auf den auch nicht das Mindeste zu geben. Freilich kommen die schraubenförmig geriefelten Säulen, welche sich schon auf Architekturgemälden aus den verschütteten Städten am Vesuv finden, etwa seit der Zeit des Commodus immer mehr vor; aber sie sind durchaus nicht als ein charakteristisches Zeichen des dritten Jahrhunderts zu betrachten, da sie nicht weniger in den folgenden angetroffen werden. Dazu kommt der Rundbogen oberhalb des Durchlasses mit der en face dargestellten, den Raum nicht ausfüllenden Muschel darin, welche sich in ähnlicher Weise nur in einzelnen Beispielen, die sämmtlich der späteren Zeit angehören, nachweisen lassen [17]).

[17]) Am nächsten stehen unter den Diptychen das zu Monza mit der Muse und dem Literaten (Anm. 33), und ganz besonders das ebenda befindliche mit den Inschriften SCS Gregor(ius) und David Rex (Gori T. II, t. VI), von welchem nach Pulszky's Vorgange (a. a. O. p. 23) mit Recht angenommen wird, dass es erst aus dem siebenten oder gar dem achten Jahrhunderte stammen könne (Westwood p. 153 fg., n. 40**, Labarte p. 10 fg.), so wie das ekklesiast. Diptychon von Cremona mit der durch Inschriften bezeugten Darstellung des Sanctus Theodorus und Sanctus Acacius, welches in den Opusc. erud. lat. et ital. del P. M. Giuseppe Allegranza racc. e pubbl. dal P. D. Isid. Bianchi, Cremona MDCCLXXXI, t. II herausgegeben und p. 16 f. von Allegranza erklärt ist, der das Werk in die Zeit Justinian's setzt, und zwei ebenfalls ekkles. Dipt., von welchen unser Institut je eine Tafel in Abgüssen besitzt, die zu den von der Arundel Society veranlassten gehören, die eine mit dem bärtigen Christus, der zwischen zwei Aposteln, die andere mit Maria, die mit dem Jesuskinde auf dem Schoosse zwischen zwei Engeln sitzt, vor Architekturen mit jenem Rundbogen und der Muschel darin, an deren Eingang man, wie auf uns, Taf. II, den bei den Byzantinern üblichen Vorhang mit Ringen aufgehängt erblickt. — Ist die Muschel trotz ihrer Darstellung en face als Andeutung eines halbkuppelförmigen Gewölbes zu fassen, oder als an einer Lünette über einem Eingang angebracht, obgleich die Lünette selbst und ein Thürsturz nicht angegeben sind? Die Muschel erscheint auch innerhalb eines dreieckigen Giebels, auf dem Dipt. des Consuls Asturius aus dem Jahr 449 bei Gori T. I, t. III

Weiter! Auf dem Chiton des Adonis und der Venus gewahrt man nach unsern Photographien an der rechten Achsel je ein Rund mit einer

Desgleichen hat man Muscheln als Zierathen in der Mitte von Giebeldreiecken erkennen wollen auf den Diptychen des Consuls Anastasius (Westwood p. 147, Anm. f u. g). nicht bloss in früherer Zeit (Passeri praef. z. Gori's Thes. T. I, p. XXI), sondern auch noch in neuerer (Lenormant Trésor de num. et de glypt. Cl. II, Ser. 10, P. I, p. 12 z. pl. XVII) und neuester (Labarte T. I, p. 41, der in seinem Album T. I, pl. III ebenfalls eine Abbildung des betr. Paris. Dipt. gegeben hat). Aber schon Ducange Famil. Byzant., p. 85, und Leich de dipt. vet. p. VIIII haben richtig eingesehen, dass es sich um einen das Haupt des Anastasius umgebenden Nimbus handelt, welcher letztere jenem, während allerdings sonst die Consuln auf den Diptychen keinen Nimbus haben, ausnahmsweise als Prinzen von Geblüt gegeben ist. Auch Westwood erkennt a kind of foliated nimbus an. Leich stellt p. XXXVIII mit dem Nimbus des Anastasius den des Erzengels Michael auf dem von ihm herausgegebenen, bei Gori T. III, t. XLIII wiederholten Fragment des Leipziger dipt. eccles. zusammen. Ebensowenig können wir mit Labarte T. I, p. 41 auf der Elfenbeintafel seines Albums T. I, t. IV an der Lünette über dem Durchgang mit Sicherheit eine sorte de coquille erkennen. Es handelt sich vermuthlich wiederum um einen Nimbus, der ja auch sonst das auf der Kugel stehende heilige Kreuz umgiebt. So bleiben von den in Rede stehenden Fällen allein die auf dem allerdings nur durch unzulängliche Abbildung bekannten Dipt. des Asturius über. Deshalb möchte ich indessen an der Möglichkeit einer Muschel innerhalb eines Giebels an sich um so weniger Anstand nehmen, als die Muschel mit einer Büste darin so vorkommt, vgl. z. Righetti Camp. I, 123, oder Armellini t. 87, u. Benndorf u. Schöne Lateran. Mus. nr. 260, b. Das eine Mal hat, wenn der auf Wiltheim's Zeit zurückgehenden Zeichnung zu trauen ist, der Gegenstand im Giebel auf dem Dipt ganz das Aussehen einer halben Rosette. Inzwischen ist auch er sicherlich als Muschel zu fassen. Auf einem Bildwerke aus Glas bei Passeri Luc. fict. I, 76 sieht man Apollo in der Mitte und um ihn herum je eine Muse, jenen vor einem mit einem Giebel gekrönten Eingange, diese vor je einem, der sich mit dem auf unserem Dipt. zusammenstellen lässt, mit Ausnahme des gewiss irrelevanten Umstandes, dass die von vorn gesehene Muschel den Halbkreis beinahe vollständig ausfüllt. Der Gegenstand in dem Giebel nimmt sich auch wie eine Muschel aus, nur dass er, der Form des Giebels sich anschliessend, um diesen besser auszufüllen, ziemlich dreieckig erscheint. Die Muschel im Giebel kann immerhin entweder als ein blosses Ornament zu betrachten sein, oder als ein solches, welches zugleich dem Zwecke eines Amuletes diente, wie denn Muscheln als Amulete bekannt sind (Jahn Ber. d. K. Sächs. Ges. d. Wiss. 1853, S. 18, Anm., 1855, S. 180). Die symbolische Beziehung, welche Allegranza p. 18, A. 3 der Muschel auf seinem Dipt. giebt, wird schwerlich Billigung finden, ganz abgesehen davon, dass sie nur für christliche Bildwerke gelten könnte. Wir wollen diesen Umstand hier nicht weiter in Betracht ziehen, obgleich es wohl möglich wäre, dass eine dritte Erklärungsweise das Richtige träfe. Die beiden Muscheln, welche auf dem die Ausstellung eines Leichnams darstellenden Relief in den Mon. ined. d. Inst. arch. V, 8 oder bei Garrucci Mus. Lateranens. t. XXXVII an der Hinterwand des Vestibulums erscheinen, sind nach Benndorf und Schöne a. a. O. S. 222 „wahrscheinlich eine blosse Raumausfüllung, obwohl man nicht unpassend in den Muscheln eine Anspielung eines pollinctor vermuthen könnte." Unseres Erachtens würde es viel grössere Wahrscheinlichkeit haben, wenn man die Muscheln als Andeutung von Nischen betrachtete. Dass die Muschel allmählig zur typischen decorativen Ausbildung halbkuppelförmiger Gewölbe ward, ist bekannt. Dennoch wird es gut thun, die uns bekanntgewordenen Beispiele hier zusammenzustellen. Wir ge-

3*

Darstellung darauf, das man sich ohne Zweifel als aufgenäht zu denken hat. Ebenso in der Abbildung bei Passeri: während die bei der

---

ben zuvörderst die, welche sich mehr oder minder sicher datiren lassen. Die ältesten Beispiele sind, die im Columbarium der Freigelassenen und Sclaven der Livia Augusta (Gori Columbar. Liv. t. 1, 3. 4, 5, S. Bartoli Sepolcri t. 5, 8, 15, 40, Piranesi Ant. di Roma T. III, t. 23, Guhl u. Caspar Denkm. d. Kunst I, Taf. B, XVII, n. 16, Canina Arch. Ant., Monum., Sez. III, t. CCXV, Guhl u. Koner Leb. d. Gr. u. Röm. Fig. 400, S. 443 d. zw. Aufl.), das in dem ant. Grabmale von Porta Pia in Rom (R. Bergau Philol. XXXVI, S. 378), das bei Campana Due sepolcr. Rom. del sec. di August. t. X, n. 2, das in den Thermen des Titus, nach Bartoli et Bellori Admirand. Rom. ant. t. 83 zu urtheilen, das in dem Hemicyclium an der Gräberstrasse zu Pompeji (Mus. Borbon. XV, 25, Mazois Ruines de Pomp. T. 1, pl. 34, Guhl u. Caspar a. a. O. I, Taf. B, XVII, n. 14, Overbeck Pompeji Fig. 217, S. 289 der erst. Ausg., Niccolini Le case ed i edif. di Pomp., descr. gen. t. VI), wo die Muscheldecoration durch Malerei hergestellt ist. Alle diese Beispiele gehören dem ersten Jahrhundert n. Chr. an. Die nächsten fallen ins dritte. Sie finden sich zu Heliopolis (Baalbek), vgl. Wood Ruins of Balbeck pl. XVIII u. XLIV (Guhl u. Caspar a. a. O. Taf. B, XX, n. 5 u. 8), und an dem Votivstein von Donsbrügge bei Sam. Chr. Wagener Handb. d. vorzügl., in Deutschland entd. Alterth. aus heidn. Zeit, Taf. 38, n. 398. In das vierte Jahrhundert fallen die Beispiele an dem Sarkophage des Marcellus (Janssen Gr. en Rom. Grafrel. van het Mus. van Oudheden te Leiden, T. VIII, n. 22), dem des Junius Bassus (Agincourt IV, Sc., pl. VI, n. 5, Guhl u. Kaspar C, III, n. 8), dem des Probus (Agincourt, Sc., pl. VI, n. 12), dem bei Aringhi Rom. sotteran. I, p. 181 (Guigniaut Rel. de l'ant. pl. CCLXII, n. 945). Aus dem fünften Jahrb. bietet ein Beispiel das Mosaik in St. Nazarii et Celsi zu Ravenna bei Ciampini Vet. Mon. P. I, t. LXV, und aus dem sechsten wiederum eins, wie es scheint, das Miniaturbild im Wiener Dioskorides bei Agincourt T. V, pl. 26, n. 2. Unter den Beispielen, deren Datum nicht so sicher steht, nennen wir zuerst die in Grabnischen der nördlichen Nekropolis von Cyrene bei R. Murdoch Smith und E. A. Porcher Hist. of the rec. discov. at Cyrene pl. 17 u. 22. Sicilien bietet uns, wie es scheint, eins in der Nische des Grabes zu Taormina bei Serradifalco Ant. d. Sic. V, 26, 1. Italien anlangend, so ist eine interessante Muschelnische, welche im J. 1512 in der Nähe des Tibers und des Castello di Pontecati gefunden wurde, dann zu Todi aufgestellt war, bis sie unter Papst Pius VI nach Rom kam, um im Mus. Pio-Clementino aufbewahrt zu werden, in der Dissert. del fu sig. abate A. Giovanelli di Todi sopra un niccbio di marmo trovato nelle vicinanze di Todi in den Saggi di diss. accadem. di Cortona, T. VII. p. 104 fg. abbildlich mitgetheilt und besprochen. Der Verfasser glaubt, dass in der Nische eine Statue des Tiber gestanden habe, was immerhin möglich ist, irrt aber sehr, wenn er dafür die Muschelzierath in Anschlag bringt. Aus dem Vatican. Museum gehört ferner hieher der Altar bei Rocheggiani Raccolta di cento tav., t. XCI, n. 1; aus Villa Borghese der Grabstein in Gerhard's Denkm. u. Forsch. 1866, Taf. CCVII, n. 4; aus Pal. Mattei der Musensarkophag in Mon. Matth. III, 16 u. 17. Daran schliessen sich der grossen Musensarkophag bei Lasinio Campo sant. di Pisa, t. CXXXXIII u. CXXXXIV, XXXII, und endlich den Sarkoph. bei Gori Inscr. ant. in Etrur. urb. T. III, t. X, an welchem von jenem Gelehrten p. LXXXIII loculamenta quinque seu aediculae, quarum tres concha in medio ornantur, erwähnt werden, (die noch deutlicher als in seiner Abbildung in einer anderen auf einem fliegenden Blatte mir vorliegenden zu sehen sind), indem er es deswegen und wegen der columnae vitineis striis ornatae mit den auf dem in Rede stehenden Dipt. Quir. zusammenstellt. Von eigenthümlichem Interesse sind endlich noch zwei Thonlampen aus dem schon

Epist. ad Cl. de Boze das Rund nur an dem Chiton der Venus giebt,
was indessen durch Bartoli in den oben S. 6, Anm. 4, Z. 1 fg. mit-
getheilten Worten berichtigt wird. In der Abbildung bei Passeri
erblickt man auch das Gewand auf der linken Achsel des Hippolytus
mit einem ähnlichen Schmucke, wie der des Adonis, geziert. Von
diesem findet sich aber weder auf unsern Photographien noch sonstwo
eine Spur. Auch spricht wohl der Umstand, dass ein solcher Schmuck
dem Gewande der Phädra fehlt, zunächst gegen die Zuverlässigkeit
der Abbildung bei Passeri in dieser Beziehung. Dass die Gegenstände auf den Runden — bei dem Adonis ein Gesicht wie das der
Medusa, bei der Venus eine Blume oder ein Stern — symbolisch be-
deutsam sein sollen [1]), hat jezt keine Wahrscheinlichkeit mehr. Ob
es aber Glaubwürdigkeit haben würde, wenn man annähme, dass der
Schmuck dem Adonis als Asiaten und der Venus, um diese auch als
Asiatische Göttin oder als diejenige, welcher der Putz besonders am
Herzen lag, zu charakterisiren, zum voraus gegeben sein möge, bezweifeln wir unseren Theils auch. So tritt für uns die Abwesenheit
des betreffenden Schmucks auf Taf. I zu den Gründen hinzu, durch
welche es wahrscheinlich wird, dass beide Tafeln nach Vorlagen, die
aus verschiedenen Zeiten stammen, gearbeitet seien.

Der Schmuck gehört in die Kategorie der segmenta, unter
welchem Worte man Aufsatz- oder Einsatz-Stücke von verschie-

---

[o]ben angeführten Passeri'schen Werke, I, 29 u. 30, deren zweite bei Guhl und Koner
a. a. O. S. 548, Fig. 459, wiederholt ist. Dort sehen wir die drei Capitolinischen
Gottheiten, eine jede innerhalb ihrer aedicula, hier Juppiter Custos innerhalb einer
eigenen aedicula in einer Nische sitzend. Die Muscheln sind alle Male in der Vor-
deransicht dargestellt, den Bogen so gut wie vollständig ausfüllend, aber ohne alle
Andeutung eines Gewölbes, ähnlich wie auch sonst, z. B. auf dem Grabstein der V.
Borghese, obgleich in allen diesen Fällen an einem solchen auch nicht im mindesten
zu zweifeln ist. Aus Südfrankreich bringt Millin Midi de la Fr. mehrere Beispiele,
von einem Grabstein pl. LXVI, n. 7, u. christlichen Sarkophagen pl. LVIII, n. 5, 'LIX,
n. 4, pl. LXIV, n. 4; aus Deutschland Wagener a. a. O. Taf. 68, n. 849 eins, an dem
Steine von Neuenstadt. Wie häufig und eigenthümlich die Muscheldecoration bei den
Byzantinern angewandt wurde, zeigen namentlich die Miniaturen des Menologium Gr..
Urbin. MDCCXXVII; man vgl. P. 1, p. 44, 56, 58, 92, 176, 198. P. II. p. 72, 74, 165,
186, 201. Auch die muschelartige Giebeldecoration, wie wir sie oben aus Passeri I. 76
erwähnten, kommt hier vor: P. II, p. 8 u. 48. Wir wollen dahingestellt sein lassen,
ob in jenen Fällen, wo die Muchel innerhalb eines Bogens, ihn meist ganz ausfüllend,
erscheint, stets an ein halbkuppelförmiges Gewölbe gedacht wurde, oder nicht. Die
Bilder I, 58 und II, 74 machen es durchaus glaublich, dass auf unserem Dipt. und
den zunächst stehenden an die Thür eines Gebäudes zu denken ist.

[4]) S. Philologus a. a. O. S. 342 fg.

denem Stoffe und verschiedener Form verstand ¹ ⁷). Diese Weise die
Gewänder zu verzieren lässt sich aber in Werken, die der Kunstübung
nach dem in Rede stehenden entsprechen, unseres Wissens, nicht vor
dem vierten oder fünften Jahrhundert unserer Aera nachweisen. Um
von andern Elfenbeinarbeiten mit historischen Darstellungen aus der
Kaiserzeit ⁴⁰) zu schweigen, so zeigen die jetzt von Kennern als die
ältesten betrachteten mit Recht oder Unrecht sogenannten consularischen Diptycha ⁵¹) auch nicht die Spur von ihr.   Das erste der Zeit

---

49) Ueber die segmenta hat vorlängst gesprochen Salmasius ad Script. Hist. Aug.
T. II, p. 569 fg., jüngst Marquardt a. a. O. II, S. 158 fg.   Während noch Böttiger
Sabina II, S. 117, A, 3 meinte, dass segm. „ein eigentliches fein geschlagenes Gold-
blech (lamina) war, was zerschnitten und aufgeheftet wurde“, scheint Marquardt dabei
nur an Zeug, hauptsächlich mit Gold gesticktes, gedacht zu haben.   Indessen dürften
doch Goldblättchen von getriebener Arbeit mit Löchern zum Aufheften versehen, wie
wir sie jetzt namentlich aus der Krimm kennen (vgl. Marquardt S. 153 und besonders
Antiq. du Bophor. Cimmér. pl. XX fg.) nicht aus der Kategorie der segmenta auszu-
schliessen sein, wenn auch Epitheta wie aurea (Valer. Max. V, 2, 1) und selbst crepitantia (Sidon. Apoll. ep. VIII, 6) nicht mit vollkommener Sicherheit dafür veranschlagt
werden können.   Aus Zeug, ohne und mit Stickerei, bestanden die segmenta allerdings
hauptsächlich.   In der Regel unterschieden sie sich durch die Farbe von dem Zeuge,
auf welches sie aufgesetzt wurden.   Man vergleiche namentlich die Schauspielerfiguren
bei Millin Descr. d'une Mosaique ant. du Mus. Pio-Clém. à Rome, pl. VI—XXVIII und
die auf dem Wandgemälde bei Pacho Voyag. dans la Marmar., la Cyren. u. s. w.
pl. XLIX u. L, von denen jene in meinen Denkm. d. Bühnenwes. Taf. VII und VIII,
diese ebenda Taf. XIII, n. 2 mit den Farben der Originale wiederholt sind, sowie die
von Labarte a. a. O. Album T. II, pl. LXXXII fg. colorirt herausgegebenen Byzantinischen Gemälde.   Die Formen der Segmente variiren: die beiden zuerst erwähnten
Monumente liefern zahlreiche Belege zu Isidor. Or. XIX, 22, 18: Segmentata zonis
quibusdam et quasi praecisamentis ornata, auf den letzten gewahrt man die von ihrer
Form ταβλία genannten Segmente (Labarte I, p. 491). Diese werden von den Byzantinern öfters erwähnt, vgl. — um nur diesen einen anzuführen — Constantin. Porph. ex
ed. Bonn. I, 4, p. 24, 18: τὰ λευκὰ χρυσόταβλα χλανίδια, I, 97, p. 440, 16 fg.: χλα-
μίδα διάλευκον περιορευμένην ἐκ δαχρισοθέτων καὶ ταβλίων δύο χρυσοπάστων καὶ κισ-
σομελλων μικρῶν. II, 45, p. 574, 9: χρυσόταβλα χλανίδια, p. 575, 3: τὰ χρυσόταβλα
χλανίδια τὰ φούνδατα, p. 575, 14: τὰ φούνδατα χλανίδια τῶν ἑορτῶν, ἤγουν τὰ ἔχοντα
ὄξεα ταβλία.   Auch die Byzantinischen Bildwerke zeigen diese Art von Segmenten besonders häufig.

50) Von den in Rede stehenden Elfenbeinarbeiten ist wenig auf uns gekommen
und noch Weniges genau bekannt gemacht.   Besonderes Interesse hat die in den
Mon. ined. d. Inst. arch. V, t. 51, n. 2. herausgegebene Platte, deren Darstellung
noch von Westwood a. a. O. p. 154, n. 41, nach Pulszky, p. 95, z. n. 24 ohne weiteres
auf Marc Aurel bezogen wird, obgleich Henzen Ann. d. Inst. XXV, p. 120 die Ansicht
ausgesprochen hat, dass vielleicht Antoninus Pius gemeint sei.

51) Da von den beiden deutschen Gelehrten, welche zuletzt die consular. Dipt.
berührt haben, der eine, Fr. Unger a. a. O. S. 360, noch annimmt, dass dieselben
nicht über das Jahr 428 hinaufgehen, der andere, Marquardt, a. a. O. S. 152, A. 1420

nach, welches die durch wiederholte Beispiele aus der ersten Hälfte

---

sogar meint, das älteste sei erst von 487, das jüngste aber von 530, so ist es wohl
zweckmässig, auf Westwood's schon öfters angef. Abhandlung zu verweisen, welcher
sich nach Pulszky's Vorgange besonders umfassend und gründlich mit den cons. Dipt.
beschäftigt hat; ausserdem auf Labarte s. a. O. p. 198 fg. Nach Westwood gehört
das älteste ins Jahr 248 und das jüngste ins J. 541, welcher letztere Umstand schon
längst ausgemacht war, während auch Westwood übersehen hat, dass durch E. Hübner
in den Monatsber. der Berlin. Akad. vom J. 1861, S. 836, und Ant. Bildw. in Madrid
u. s. w., n. 947, ein in dem Archiv der Kathedrale von Oviedo aufbewahrtes Diptych.
des Fl. Strategius Apion, Consuls des Jahres 539, also das vorletzte, sicher zu dati-
rende, bekannt geworden ist. Vor das Dipt. des Flavius Felix aus d. J. 428 fallen
nach Pulszky u. Westwood — ausser dem des M. Julius Philippus Augustus und seines
Vaters, früher in der Fejérváry'schen, jetzt in der Mayor'schen Sammlung zu Liverpool (Millin Midi de la Fr. I, pl. XXIV. f. 3, Monum. ined. d. Inst. arch. V. 61, 1,
Waring Art Treasures, Manchester 1857, Sculpt., pl. I, f. 3) aus dem J. 248 — noch
das desM. Aurel. Romulus Caesar (Buonarruoti Framm. di vetri ant. z. p. 236, Gori Thes.
II, t.XIX, D'Agincourt V, Sc., pl. XII, f. 12, Millin Gal. myth. pl. CLXXVIII, n. 659),
früher im Hause Gherardesca, jetzt im Brit. Mus., aus dem J. 308, das des Rufius
Probianus in der Kön. Biblioth. zu Berlin (Westwood a. a. O. p. 19) aus dem J. 322,
das des Anicius Probus zu Aosta aus dem J. 406, welches schon von Gazzera in den
Memor. d. Accad. r. d. scienze di Torino, T. XXXVIII, Tor. MDCCCXXXV, p. 225 fg.
besprochen und abbildlich bekannt gemacht ist. Die Beziehung des an erster Stelle
erwähnten Dipt. auf den Sohn des Kaisers Philippus beruht freilich nur auf einer Vermuthung Pulszky's (p. 16 fg.), denn das Werk ist inschriftlos, hat aber grosse Wahrscheinlichkeit, ebenso wie das Dipt. Gherardesca auf den Romulus (p. 18 fg.). Labarte.
dem auch Pulszky's Arbeit zu Gute kam, führt das Dipt. des Probianus als das älteste
consularische auf (p. 208), nicht weil er das des M. Julius Philippus und seines Vaters
als dem J. 248 angehörend nicht anerkennt. sondern weil es ihm beliebt, dieses als
diptyque impérial zu bezeichnen. Dieselbe Benennung giebt er dem Dipt. von Monza
mit Valentinian III. und Galla Placidia (Alb. pl. II), welches er in einer umfassenden
Besprechung p. 20 fg. dem dritten Consulat des erstgenannten im J. 430 zuschreibt.
der Elfenbeintafel mit dem Kaiser Justinian zu Wien (Gori Thes. II, t. X) und der
mit dem Kaiser, welchen man für Justin II hält, bei Gori II, t. XI. Ueber das erste
dieser Dipt. s. unten Anm. 54. Wenn es nicht den Kaiser als solchen, sondern als
Consul angeht, soll man es wiederum als consularisches bezeichnen. Die Wiener Elfenbeintafel anlangend, so „bezeugen" nach Sacken u. Kenner (Samml. d. K. K. Münz-
u. Ant. - Cab. S. 453, A. 2), „die mit Falz versehenen Ränder ohne Spur ehemaliger
Charniere, dass die Tafel einzeln in ein Kästchen od. dergl. eingesetzt war und nicht
zu einem Diptychon gehört." Ob es mit der an der letzten Stelle erwähnten Elfenbeintafel ebenso zusteht, wäre wohl genauerer Untersuchung werth. Im Texte zu seinem Album, T. I, fol. 8, bezeichnet Labarte auch die auf pl. IV abgebildete Elfenbeintafel des Brit. Mus. als une feuille de diptyque impérial, indem er des weiteren
äussert: elle représente un ange, saint Michel Archange probablement, dans l'action
de présenter le globe crucigère, symbole de la puissance impériale, à un empereur qui
devait être reproduit dans la seconde feuille aujourd'hui perdue. Wäre diese Voraussetzung richtig, so ständo das betreffende Diptychon ganz einzig in seiner Art da.
Aber schon Fr. Unger Griech. Kunst, a. a. O. S. 429 bemerkte mit Recht, dass Stab und
Kugel bei den Byzantinern stets Attribute der Engel sind. Es gab einige Diptycha, die
kaiserliche genannt werden könnten, insofern als sie den Kaiser in nichtconsularischer

des sechsten Jahrhunderts bekannte Prunktracht mit Gewandverzierun-

Tracht darstellen und sein Eigenthum waren, aber nur durch Schenkung von Seiten eines Consuls, so dass sie vielmehr wiederum der Kategorie der consularischen zugerechnet werden müssen. Ein vollkommen sicher stehendes Beispiel der Art ist das Dipt. von Aosta, welches inschriftlich als Geschenk an den auf jeder von den beiden Tafeln dargestellten Honorius von Seiten des Cons. Anicius Probus bezeichnet wird. Ein anderes Beispiel bot vermuthlich das Dipt. der Sammlung Trivulzi, über welches weiter unten Gazzera's Bericht mitgetheilt werden wird. Die Frage, ob auch das sogenannte Dipt. Barberini und das, zu welchem die Elfenbeintafel mit Justin II gehörte, in dieselbe Kategorie zu versetzen sei, bezeichnet schon Gazzera p. 232 als eine bei dem Mangel an Inschriften nicht mehr zu lösende. Die Elfenbeintafel, welche nach der nicht erst durch Pulszky und Westwood aufgekommenen Ansicht die Apotheose des Romulus Caesar angebt, schliesst Labarte aus der Zahl der dipt. consulaires et impérials aus, indem er sich p. 193 für die Meinung Olivieri's und Gori's (Thes. T. II, p. XIII u. 151 fg.) erklärt, nach welcher die Apotheose des Kaisers Antonius Pius dargestellt und das Werk gleich nach derselben gearbeitet sein soll, eine Meinung, die gewiss irrig ist. Indessen kann auch bei Annahme der anderen Meinung an ein gewöhnliches dipt. consulare, welches beim Antritt des Amts verschenkt wurde, nicht gedacht werden. Die von Bianconi Osservaz. di un framm. di tavoletta ant. d'avorio stimato consolare, Bologna 1775, behandelte Tafel erwähnt Pulszky (Fejérv. ivor. p. 24) nur nach Hörensagen, Westwood (p. 153, n. 38) nur nach Pulszky, Labarte gar nicht. Aus Gazzera's angef. Abhandl. p. 231 sehe ich, dass Bianconi sie noch vor 428 setzen wollte, wogegen sich aber der Turinische Akademiker mit Entschiedenheit erklärt. Auch in Betreff anderer unzweifelhaft consularischer, und noch dazu mit Namensinschriften versehener Diptycha steht die Datirung keinesweges fest. So ist es wenigstens nicht unmöglich, dass das Dipt. des Flavius Felix erst dem J. 511 zuzuweisen wäre, wie noch Leich a. a. O. p. II that, da jetzt feststeht, dass auch der Consul dieses Jahres Flavius Felix biess. vgl. J. B. de Rossi Inscr. christ. Urbis Rom. Vol. I. p. 426. Ausserdem kann es keinesweges als ausgemacht gelten, dass das dipt. Bresc. Boëthii dem Consul des J. 487 angehöre, wie unter den früheren Gelehrten die meisten annahmen (auch Corsini Ser. praef. Urbis p. 361 fg.) und die neueren alle (auch Odorici Ant. crist. di Brescia p. 65), oder nicht vielmehr dem J. 522, wie Leich a. a. O. (bei Gori I, p. 137 fg.) ausführlicher darzulegen suchte. Leider hat sich de Rossi a. a. O. p. 443 über diesen Umstand nicht genauer ausgesprochen. Dagegen verdanken wir demselben p. 584, add. ad p. 431, n. 960, die Bemerkung: Burghesius in epistola nondum edita ad Gazzeram data die 27 Octobris 1834 valde probabiliter judicat diptycha Flavii Petri Sabbatii Justiniani ad ipsum imperatorem Justinianum, qui ante susceptum imperium anno 521 consul fuit, pertinere, potius quum ad Flavium Petrum consulem anno 516. Gazzera's Abhandlung muss selbst Westwood nicht in Händen gehabt haben, der sie anführt, während bei Labarte nicht einmal diese Spur von ihr zu finden ist. W. würde sonst auf Allegranza's Abhandlung De dipt. consulari Cremonensi in den schon oben angeführten Opusc. erud. p. 3 fg. genauer aufmerksam gemacht sein, als durch Pulszky, p. 12, n. 6, der sie vermuthlich selbst nicht kannte. Hier ist auf t. 1 ein drittes im J. 1773 Cremonae in domo Fratrum Sonsisiorum aufgefundenes, vollständiges Diptychon des Consul ord. Fl(avius) Petr(us) Sabbat(ius) Iustinian(us) abbildlich mitgetheilt, welches dem von Westwood p. 146, n. 17 besprochenen vollständig entspricht, nur dass es in der Inschrift auf der ersten Tafel am Schlusse des ersten Verses nicht ampla bietet, sondern alma, wie die Tafel des von Westwood p. 140, n. 18* verzeichneten zweiten Dipt. Labarte erwähnt p. 201, wie schon Chabouillet Descr. géner. et raisonn.

gen verschiedener Art, keineswegs bloss segmenta [32]), ausgeführt zeigt,

des Kais. Cab. de Méd. et Antiq. zu Paris p. 561 fg., noch ein zweites vollständiges Dipt. desselben Consuls, ohne genauere Angaben, als im Besitz eines Mr. Aymard, au Puy en Velay, befindlich. Wäre dieses etwa dasselbe, wie das von Allegranza besprochene? Westwood würde ausserdem noch Kunde erhalten haben von zwei anderen Diptychen. Das eine, zu Gerunda in der Diöcese von Sion im Canton Wallis entdeckte ist in einer zu Turin 1809 erschicnenen Abhandlung von Eugen. de Levis De Rufii Achilii Sividii praefectura et consulatu epistola, bekannt gemacht und seitdem mehrfach besprochen, zuletzt von G. B. de Rossi Iuscr. christ. Urbis Romae Vol. I, p. LXVIII fg., wo auch die frühere Liter. angeführt ist. Rufius Achilius (d. i. Acilius) Sividius oder Sibidius war Consul im J. 488. Von dem anderen Dipt., einem Besitzthum des bekannten Museo Trivulsio zu Mailand, war bis zu der Besprechung durch Gazzera p. 228 fg. nur eine von dem Marchese Jacopo veranstaltete und an Freunde verschenkte Lithographie vorhanden. Wir ergreifen die Gelegenheit, das sehr merkwürdige Stück durch Mittheilung der Worte des Turiner Akademikers, dessen betreffende Schrift auch sonst wohl angeführt, aber von den Anführenden selbst nicht weiter gekannt wird, bekannter zu machen. „La vista e l'esame della sola superstite tavoletta, che era la seconda, ne fa sommamente rincrescere la perdita irreparabile della prima, nella quale erano inscritti così il nome dell' Imperatore al quale venne inviato o dedicato il dittico, come quello del Console pel quale fu lavorato, e quindi il tempo al quale si debbe assegnare. A differenza di ogni altro dittico sinora noto, il lavoro dei fregi e delle figure del Trivulziano, anzichè procedere dall'alto al basso delle tavolette, ed occupare l'intiera altezza, furono sculte di traverso, e camminano per tutta la lunghezza delle medesime, a tal che per chi desideri di esaminarle sia d'uopo tenerle nella positura orizzontale. La scena inoltre è divisa in due ben distinti compartimenti. Nel superiore sono a vedere due vittorie o genii alati maestrevolmente figurati, i quali per la sveltezza delle mosse, per lo svolazzo dei panneggi e per le ali spiegate meglio diresti intesi ad innalzare su per l'aria, che non a sorreggere l'immagine che si scorge sculta nello scudo posto in mezzo. Rappresenta questa il busto di una matrona vestita di tonaca ornata intorno al collo di duplice giro di fregi trapunti, la quale, non altrimente che la gran madre Cibele, ha la testa cinta di una corona formata di torri, e per istringere nella sinistra mano il corno di abbondanza, e colla destra uno scettro di peculiar forma, dal quale escono alcuni rami di palma, ivi non meno che nel dittico anepigrafo Riccardiano, e per chi bene la esamini, si manifesta per l'immagine della città di Roma. In tutta la lunghezza poi della zona inferiore sono figurati prigionieri, o popoli soggiogati, uomini, donne, ragazzi, i quali offrono all' Imperatore dei doni, e recano i tributi delle conquistate provincie, onde implorare la clemenza del vincitore. Il nome dell' Imperatore era segnato nella tavoletta mancante, come lo era quello pure del Console pel quale il dittico venne lavorato: in questa non rimangono che una parte dei tituli di essi, i quali perchè generici e proprii di quasi tutti gl' Imperatori e Consoli di que' tempi sono per ciò solo insufficienti a farli riconoscere. Sotto la zona superiore in una linea ed in grandi caratteri rimane AC TRIVMFATO-RI † PERPETVO SEMPER AVG. Nei due lati poi e al di sopra della zona inferiore in due cartelli in forma di coda di rondine sta scritto nel primo viR ILLVSTR COM. PR ... e nell' altro ET CONSVL ORDINAR."

[32]) Die Verzierungen an der Toga, Tunica und dem Omophorion bestehen fast durchgehends aus Sternblumen u. dergl. in runden u. rautenförmigen Feldern, welche die Gewänder über und über bedecken. Dieselben Zierathen finden sich — um nicht mehrere Beispiele von Gewändern zu häufen — an der Toga und Tunica der „Onoria',

ist das durch Inschrift als consularisches sicher gestellte des Flavius Felix aus dem J. 428, wenn nämlich die gewöhnliche Annahme bezüglich der Datirung das Richtige trifft. Auf dem auch durch Inschrift als consularisches bezeichneten, unzweifelhaft dem Jahre 449 angehörenden Diptychon des Asturius findet man, nach der Zeichnung bei Gori T. I. t. III. zu urtheilen, an der Toga des Consuls gar keine und an der Tunica desselben nur ganz geringe Zierathen, deren auch die Gewänder der Nebenfiguren nicht entbehren. Seit der Zeit kommen die prunkhaften Verzierungen so gut wie durchgehends vor an den Gewändern der Consuln, wenn dieselben mit der Toga bekleidet sind, nicht so, wenn sie die Chlamys tragen; einzelne Segmente hie und da auch an denen untergeordneter Personen [53]. Ein als consularisches keineswegs sicherstehendes Diptychon, welches nach der Annahme derer, die sich in neueren Zeiten mit dieser Gattung von Denkmälern besonders beschäftigt haben, nur zwei Jahre jünger ist, als das Dipt. des Fl. Felix, zeigt, während es den auf der einen Seite allein dargestellten kaiserlichen Feldherrn mit durch figürliche Darstellungen reich verzierter Tracht vor die Augen stellt, die Kaiserin Mutter ohne alle Gewandzierathen und den mit Chlamys

auf der mit Gold u. Silber bemalten runden Krystallplatte bei Odorici Antich. crist. di Brescia t. VII. n. auf der Chlamys des Königs David auf der Miniatur bei Labarte. Album II, pl. 82. Selbst auf Harnischen späterer Zeit gewahrt man, wenn auch nur selten, den betreffenden runden Schmuck, z. B. bei Clarac Mus. de sc. pl. 972, n. 2509 A. und in Gerhard's Denkm. u. Forsch. 1858, T. CXII. n. 2 u. 3. Marquardt hält S. 158 fg. dafür, „dass die toga consularis des fünften und sechsten Jahrhunderts, wie sie die Diptychen darstellen, eine segmentata war", indem er begründend hinzufügt: „Bei Sidon. Apoll. epist. VIII, 6 trägt der Consul Asterius bei seinem Amtsantritte eine purpurne Toga, welche crepitantia segmenta hat, und Ennodius Paneg. in Theodericum c. 4 braucht die Redensart aliquem in segmentis ponere für consulem facere." Dagegen bezeichnet H. Weiss, Kostümkunde I. S. 1034 die Toga als „mit Goldstickwerk durchsteifte", und dieses halten wir in Betreff jener Sternblumen u. dergl. für richtiger. An der Chlamys David's hat man sich dieselben, wie die colorirte Abbildung Labarte's zeigt, als eingewirkt zu denken. Dagegen sind die Verzierungen an der Chlamys des Consuls und seiner beiden Begleiter auf der einen Tafel des Halberstädt. Dipt. (Neue Mittheil. aus d. Geb. hist.-antiq. Forsch., Halle 1848. VII, 2. z. S. 60 fg. = H. Weiss a. u. O. S. 1053, Fig. 428) ohne Zweifel als Segmente zu betrachten: sie entsprechen ganz dem an der Chlamys des K. David. Ebenso die Zierath auf der Achsel an der langärmeligen Tunica der mittleren von jenen drei Personen, welche Zierath man so oft wiederholt findet.

53) Vgl. namentlich Gori T. I, t. IX u. XVII, auch wohl XI. Auch die Zierathen an der Bekleidung der Barbaren auf dem Barberin. Dipt. II, t. I scheinen Segmente zu sein.

und Tunica bekleideten jungen Kaiser nur mit zwei Segmenten an
der Tunica, deren eines ganz ebenso wie bei den Figuren unserer
Taf. II auf der rechten Achsel angebracht ist ⁵⁴.) Auf den durch
den Grabstichel bekanntgemachten sogen. mythologischen Diptycha
begegnet man der betreffenden Verzierungsweise, so viel wir sehen,
nie, mit einziger Ausnahme des in Rede stehenden, wie sie sich
denn auch auf den consularischen bei mythologischen oder allegori-
schen Figuren nur selten findet ⁵⁵). Von anderen Elfenbeinarbeiten
sind uns nur zwei Beispiele bekannt: das erste auch an einer Figur
aus der Mythologie, nämlich an der eines geflügelten männlichen
Repräsentanten einer Jahrszeit, an deren Aermeltunica drei runde

---

⁵⁴) Es ist die Rede von dem in Anm. 51, S. 39 erwähnten Dipt. der Kathedrale
von Monza. Dass die auf der einen Tafel dargestellten Figuren Valentinian und Galla
Placidia sind, unterliegt auch uns keinem Zweifel. Rücksichtlich des Feldherrn auf
der anderen bleibt aber trotz Unger S. 389 die Wahl zwischen Aëtius und Bonifacius
(wohl auch Theodosius II, an welchen Pulszky S. 20 dachte), bis nachgewiesen sein
wird, dass es mit der höchstwahrscheinlichen Beziehung des Halberstädt. Dipt. auf
Aëtius als Consul im J. 454 durch diesen Gelehrten S. 21 fg. nichts sei; denn der Consul beider Dipt. kann unmöglich derselbe Aëtius sein. Der Consul des Halberst. Dipt.
macht freilich auf der Tafel, wo er in der Chlamys dargestellt ist, denselben Gestus,
wie Valentinian auf dem Dipt. von Monza. Dass aber Labarte irrt, wenn er p. 24 fg.
über diesen Gestus bemerkt: l'action de bénir de la main droite ne peut convenir qu'à
un saint personnage ou à un souverain, unterliegt keinem Zweifel, vgl. das Leipziger
Glasgemälde bei Leich a. a. O. p. XV und Gori T. II, p 189, zu dem Dipt. von Novara
t. IV. Dieses zeigt nämlich auf beiden Tafeln dieselbe jedes Mal mit der Chlamys
bekleidete Figur, das eine Mal den in Rede stehenden Gestus machend, das andere
Mal ein Buch haltend, wie Valerian auf dem Dipt. von Monza, während er mit der
Rechten jenen Gestus macht, in der Linken ein solches Buch hat. Das Dipt. von Novara ist schon vorlängst und noch jüngst dem Stil und der Zeit nach mit dem des Fl.
Felix zusammengestellt (Gori T. II. p. 190, Westwood p. 152, n. 35), würde demnach auch
mit dem von Monza ungefähr gleichzeitig sein. Passeri freilich (Expos. p. 49) urtheilt
ganz anders, indem er die Figuren für ein par martyrum hielt. Allein dieselben
stellen sicherlich einen und denselben Mann dar, welcher eine hohe Würde im Staate
bekleidete, am wahrscheinlichsten einen Consul. Das Buch liesse sich bei Annahme
eines solchen am besten aus den oben in Anm. 35 angeführten Stellen erklären, oder
als parallelgehend mit der Schriftrolle, welche wir z. B. auf der verlorengegangenen
Tafel des Dipt. des Fl. Felix, auf welcher dieser in der Chlamys dargestellt war, in
seiner Rechten sehen. Indessen beweist das Buch keineswegs, dass Valentinian auf
dem Dipt. von Monza als Consul gemeint war, da es sich ebenso wie die Rolle auch
bei Kaisern als solchen findet. Dazu kommt, dass die kurze Tunica gegen die Annahme consularischer Tracht Bedenken erregen kann, während sie zur gewöhnlichen
Tracht eines Kaisers ebensowohl passt, als die auch von Schriftstellern wiederholt dem
Kaiser beigelegte Chlamys.

⁵⁵) Besonders bei der Halbfigur der Constantinopolis auf dem Dipt. des Philoxenus
(Gori II, t. XV, Trésor de num. et de glypt., Rec. de basrol., II, 53).

Segmente zum Vorschein kommen, eins davon ziemlich an derselben Stelle wie auf unserer Taf. II, auf einem Täfelchen, welches anscheinend an irgend einem Geräthe angebracht war und sicherlich nicht über das vierte Jahrhundert hinaufgeht [56]); das andere an drei Figuren aus der biblischen Geschichte an der Lipsanothek zu Brescia, welche von Odorici mit Wahrscheinlichkeit dem vierten oder fünften Jahrhunderte zugeschrieben wird [57]), wo man wiederum nur rundliche Segmente und zwar an der Tunica, nicht an der Chlamys, alle drei Male auf der rechten Achsel, ganz wie auf unserer Taf. II, bei der Figur unter n. 6, ausserdem auch ein kleineres an dem untern Theile der Tunica gewahrt. Auch bei den Ueberbleibseln anderer Gattungen der Kunstübung aus Römischer Zeit lässt sich die Ausführung oder Andeutung von Gewandverzierungen erst spät nachweisen; die Beispiele, welche mit dem in Rede stehenden zunächst zusammengestellt werden können, gehen sicherlich nicht höher hinauf als die eben behandelten Elfenbeinarbeiten [58]).

---

[56]) S. Mon. ined. d. Inst. arch. V. 21. 3, nebst Henzen Ann. XXV, p. 120 und Pulszky a. a. O. p. 35, z. n. 23.

[57]) Vergl. Ant. crist. di Brescia t. V, n. 3 u. 6, nebst P. I, p. 68.

[58]) Während man an den Darstellungen von Personen in kriegerischer Tracht in den Monumenten aus Marmor und andern Steinen die Partien der Tracht, welche in Wirklichkeit aus Metall bestanden, so regelmässig mit Bildwerk in Relief verziert findet, begegnet man an den Gewändern aus Zeug unseres Wissens nie einer Verzierung ähnlicher Art, die in Relief ausgeführt oder auch nur eingegraben wäre, bis auf den christl. Sarkophag bei Millin Midi de la France pl. LVI (wo sich eine Zierath an dem rechten Aermel der Tunica eines Weibes in eingegrabener Arbeit angegeben findet), und jene auch aus späterer christlicher Zeit stammenden Steinarbeiten, welche uns die Figuren ganz in graffiti ausgeführt zeigen; man vergl. z. B. Agincourt IV. Sc. pl. VII, n. 4 u. 11. und Bertoli di Brihir Le antich. di Aquileja CCCCLXXXIV und CCCCXXXV, p. 334 u. 335, sowie Perret Catacombes de Rome Vol. V. pl. 10, n. 24, pl. 26, n. 51, pl. 45, n. 9, pl. 52, n. 39. Dasselbe Verfahren findet sich im wesentlichen auf den geschnittenen Steinen beobachtet. Wir erinnern uns nur eines, auf welchem Figuren, in diesem Falle mythische, als Gewandverzierungen vorkommen, des Intaglio (was beachtenswerth ist) mit der Darstellung der Salier in Gori's Mus. Florent. II. 23, 3, Lanzi's Saggio II, 4, 1 = Millin's Gal. myth. XXXVIII, 148, Zannoni's R. Gal. di Fir. V, 21, 1. Ein anderer vertieft geschn. Stein der Florent. Sammlung bei Zannoni a. a. O. V, 24, welcher durchaus mit dem gleich zu erwähnenden Contorniaten zusammenzustellen ist, zeigt an der Kleidung des siegreichen auriga Majorianus Schmuckdetails angegeben. Ein segmentum findet sich an dem Mantel eines Komikers, auf dem Intaglio in den Denkm. des Bühnenwesens, Taf. XII. n. 16. Was die Metallarbeiten betrifft, so trifft man die detaillirtere Ausführung des Schmuckes an den Civilgewändern der Kaiser auf den Münzen freilich schon im dritten Jahrhundert, namentlich in der zweiten Hälfte desselben — ein interessantes, in dieselbe Kategorie

Ein anderer eigenthümlicher und für die Datirung unseres Diptychons nicht unerheblicher Umstand ist folgender. Die Hauptfiguren stehen auf

gehörendes Stück ist der bei Bertoli di Bribir a. a. O. DXCIX, p. 414 abbildlich mitgetheilte spätere Contorniat, dessen Revers mit der Umschrift MAKANII MVSA an dem Gewande eines Flötenspielers die einzelnen Verzierungen angedeutet zeigt —, aber da älteste unter den sicher zu datirenden Metallwerken, welches mit unserem Elfenbeinreliefs genauer zusammengestellt werden kann, ist der Silberclipeus von Almendralejo, über welchen ich hier der Kürze halber nur auf Unger a.a.O. S.390, Hübner Ant. Bildw. in Madrid S. 213 fg., n. 472, u. Friederichs Bausteine n. 840 verweisen will.   Hier gewahrt man an der Chlamys der vornehmsten Personen nicht bloss jene schon oben Anm. 49 erwähnten ταβλία, deren verschiedene Grösse dem verschiedenen Range entspricht, sondern auch auf der rechten Achsel an den Tuniken den schon mehrfach erwähnten Schmuck und an der der Magistratsperson unten ein rundes segmentum.   Für eigentliche Segmente sind auch wohl zu halten die runden Gegenstände an der Tunica des Weibes von dem Silbergeräthe bei D'Agincourt IV, Sc., pl. IX, n. 7 aus d. vierten od. fünften Jahrhundert n. Chr., während die ebenfalls runden Zierathen an den Tuniken der Jäger auf dem Silbergefässe in den Ant. du Bosphore Cimmér. pl. XLI, n. 1 sich als aufgenäht und eingestickt ausnehmen.   Unter den Wandgemälden bietet, soviel als uns bekannt ist, das älteste Beispiel eines oblongen segmentum das der Thalia unter den Herculanensischen Musen (Denkm. d. a. K. II, 58, 735, Satyrspiel S. 112 fg. Anm.).   Ein rundliches zeigt sich an dem kurzen Aermel einer Bakchantin auf einem Gemälde aus den Thermen des Titus bei Bartoli Pitt. ant. t. IV.   Mehrere und den in Rede stehenden genauer entsprechende finden sich erst auf den auch von Marquardt nicht übersehenen, schwerlich über das vierte Jahrhundert hinaufzurückenden Pitture ant. ritrovate nello scavo aperto di ordine di — Pio VI in una vigna accanto il v. ospedale di S. Giovanni in Laterano l'a. CIƆIƆCCLXXX, insc. e pubbl. da G. M. Cassini, Roma CIƆIƆCCLXXXIII, wo namentlich Fig. 6 zu vergleichen ist.   Auch auf den Gemälden in den Katakomben Roms aus dem vierten oder fünften Jahrhundert fehlt es nicht an runden, namentlich an länglichrunden Segmenten, die meist paarweise an den Achseln und unten am Gewande angebracht sind, s. Buonarruoti a. a. O. p. 34 und jetzt Perret Catacombes de Rome Vol. I, pl. 47, II, 7, 51 (hier selbst an der paenula scortea des guten Hirten), III, 10: man vgl. auch das Gem. aus den Katakomben von Neapel bei Bellermann Die altchristl. Begräbnisset. T. VIII = Guhl und Kaspar CIV, 37, n. 8, um von späteren christlichen Wandgemälden, wie dem bei Odorici Ant. crist. di Brescia t. X, n. 10 zu schweigen.   In dem Calendarium aus der Zeit des Constans, Sohnes Constantin's d. Gr., findet sich der betreffende Schmuck ein Mal an der Kleidung der auf den mensis Aprilis und mehrere Male an der Pänula der auf den mensis December bezüglichen Figur, vgl. P. Lambecii Comment. de bibl. caesar. Vindobonens. T. IV, MDCLXXI, z. p. 280 u. p. 288 (welcher Gelehrte p. 301 der Ansicht ist, dass jene Verzierungsstücke unter den in späterer Zeit vorkommenden Ausdrücken calliculae und τροχάδες (?) zu verstehen seien) und Montfaucon Ant. expl., Suppl. T. I, pl. VIII u. XVI.   Mehrere Beispiele bieten die Miniaturen in der Wiener Handschrift der Genesis, vgl. Lambec. a. a. O. p. 301 fg.; einige auch die durch Mai herausgegebenen Miniaturen der Ambrosian. Ilias.   In Bartoli's Abbildungen der Miniaturen des Vatican. Vergil trifft man wenigstens ein Bild, welches zwei dem auf unserem Dipt. sehr ähnliche Fälle zeigt, das zu Aen. I, 665 fg., vgl. die Ausg. Rom. CIƆIƆCCXLI, p. 41.   Endlich begegnet man den rundlichen Segmenten auch auf christlichen Glasgemälden (Buonarruoti Vetri ant. t. V, n. 2, VI, 2, Boldetti Osservaz. pl. VII = Passeri Expos. in mon. sacr. eburn. t. V = D'Agincourt T. V, pl. XII, n. 22)

Basen, mit Ausnahme des Adonis, bei welchem indessen die Weglassung des Postaments ihre besondere Bewandtniss hat. Nach den gewöhnlichen Ansichten der Archäologen in Betreff jenes Umstandes würde man anzunehmen haben, dass es sich um eine Wiederholung statuarischer Gruppen handle ᵃ⁹). Das wäre aber sicherlich ein Irrthum. Es liegt auf der Hand, dass die Postamente insofern genehm waren, als sie dazu dienten, die Figuren höher zu stellen und so den für diese gegebenen Raum besser auszufüllen. Aber dieses Verfahren gehört nichtsdestoweniger erst der späteren Zeit an. Es hängt wesentlich zusammen mit jenem S. 24 besprochenen Verfahren, Relieffiguren in Arkaden, Durchgängen, Nischen anzubringen. Der bildliche Schmuck, welchen man durch diese hin oder in diesen gewahrte, bestand im wirklichen Leben in Statuen. Um so weniger scheuten sich die Künstler ihren so angebrachten Relieffiguren, indem sie dieselben auf Basen stellten, das Aussehen von Statuen zu geben, namentlich wenn es die Ausfüllung des Raums erheischte. Belege hiefür geben hauptsächlich die Sarkophage, und zwar um so auffallendere, je später dieselben sind, ganz besonders auch jene geriefelten, wie sie vorzugsweise zahlreich in Lasinio's Werk über den Campo santo zu Pisa gefunden werden.

Hiernach glauben wir nicht zu irren, wenn wir unser Dipt. Quirin. in das vierte oder fünfte Jahrhundert n. Chr. setzen, und eher in noch etwas spätere Zeit als in frühere.

---

und Mosaiken, z. B. dem mit Justinian und Theodora in S. Vitale zu Ravenna bei Ciampini Vet. Mon. II, t. 22 = Kugler Handb. d. Kunstgesch. Bd. I, S. 269, d. 3ten Aufl., und Guhl u. Caspar (IV, 37, n. 7 auf und, wie auch auf dem Bilde aus den Neapolitan. Katak. neben anders geformten Segmenten), auf dem in dem zweiten Viertel des siebenten Jahrhunderts ausgeführten aus St. Agnese bei Rom, dessen Hauptfigur bei Perret a. a. O. Vol. II, Frontisp., in farbiger Nachbildung gegeben ist und an der antiqua Imago musivi operis St. Sebastiani in ecclesia S. Petri ad Vincula Urbis constructa circa annum 682 bei Ciampini Vet. Mon. P. II, t. 33.

⁵⁹) Vgl. z. B. E. Q. Visconti Mus. Pio - Clem. T. IV, p. 8 zu t. IV, und E. Gerhard Text zu den ant. Bildw. S. 319, z. Taf. LXXX . 2.

Register.

I

G. F. Nesse del et sculp. Göttingen 1866.